Zu diesem Buch

Zögernd erst beginnt sich innerhalb der Intelligenz Westdeutschlands die Ahnung zu verbreiten, daß es mit der deutschen Vereinigung, dem Ende der Blockkonfrontation und dem zunehmenden Wissen über das Ausmaß totalitärer Unterdrückung im untergegangenen Stasi-Staat DDR auch im Westen an der Zeit ist, die ideologischen Grundlagen politischen Denkens und Handelns während der deutsch-deutschen Vergangenheit einer kritischen Prüfung zu unterziehen und dabei auch die Frage nach der Mitverantwortung für die zuletzt zunehmende Hemmungslosigkeit der SED-Herrschaft aufzuwerfen.

Die «Stasi-Debatte» zeigt, wie schwer sich gerade die westdeutsche Linke mit solcher Selbstaufklärung tut, ob es um das «antifaschistische» Erbe, die Friedensbewegung oder die pragmatische Ostpolitik unter dem Stichwort «Wandel durch Annäherung» geht. Hartnäckig wird an bipolaren Denkmustern und Denkverboten festgehalten, als gebe es die DDR – samt ihrer verlogenen Glücksverheißung eines «besseren Deutschlands» – noch immer. Mit der Frage nach dem Verhältnis zum «real existierenden Sozialismus» stellt sich jetzt erst recht – und neu – die Frage nach dem Verhältnis zur Demokratie, zum Rechtsstaat und zu den deutschen Vergangenheiten.

Dieses Buch will dazu auffordern und anregen, in der Stasi-Debatte vor der eigenen Tür zu kehren, bevor alte Weltbilder zu neuen Lebenslügen werden. Wer – auch die eigene – Vergangenheit allzu schnell ruhen lassen möchte, wird in ihr gefangen bleiben, während andere die Weichen für die Zukunft stellen. «Es geht um nichts weniger als darum, wer aus der intellektuellen Szene künftig jene moralische Integrität verdient und zugebilligt bekommt, in Identitätsfragen der deutschen Nation verläßlich zu urteilen. Dies ist angesichts der Anforderungen, die die neue weltpolitische Lage an das etwas größere Deutschland stellt, keine Kleinigkeit.» (Cora Stephan)

Cora Stephan, geb. 1951, Rundfunkjournalistin und Essayistin, lebt in Frankfurt; jüngste Buchveröffentlichung: «Weiterhin unbeständig und kühl. Nachrichten über die Deutschen», Reinbek 1988.

Cora Stephan (Hg.)

Wir Kollaborateure

Der Westen und die
deutschen Vergangenheiten

Rowohlt

rororo aktuell
Herausgegeben von Ingke Brodersen

Redaktion Rüdiger Dammann/Frank Strickstrock

Originalausgabe
Veröffentlicht im Rowohlt Taschenbuch Verlag GmbH,
Reinbek bei Hamburg, Mai 1992
Copyright © 1992 by Rowohlt Taschenbuch Verlag GmbH,
Reinbek bei Hamburg
Alle Rechte vorbehalten
Umschlaggestaltung Büro Hamburg – Jürgen Kaffer/Peter Wippermann
(Foto: dpa/Brakemeier)
Satz Sabon (Linotronic 500)
Gesamtherstellung Clausen & Bosse, Leck
Printed in Germany
990-ISBN 3 499 13218 4

Inhalt

Vorwort 7

Cora Stephan
Wir lieben sie doch alle
Über die geistige Wiedererrichtung der DDR 11

Karl Otto Hondrich
«Das Leben ist ein langer ruhiger Fluß...»
Vergangenheitsbewältigung in Deutschland 34

Claus Leggewie / Horst Meier
Zum Auftakt ein Schlußstrich?
Das Bewältigungswerk «Vergangenheit Ost» und der Rechtsstaat 51

Henryk M. Broder
Der betörende Charme der Diktatur 80

Chaim Noll
Treue um Treue
Linke Gefühlslagen und die literarische Beschwörung der besseren DDR 90

Tilman Fichter
Die SPD und die nationale Frage 107

Peter Glotz
Fichter und Fichte
Eine Replik 125

Klaus Hartung
Im Spiegelkabinett der Vereinigung
Die neue deutsche Täter-Opfer-Ordnung
und die alten Fluchten aus der Realität 131

Zu den Autoren 157

Vorwort

«Wir Kollaborateure» – das ist die ironische Etikettierung dessen, was Psychologen einen «Verstrickungszusammenhang» nennen. «Abwicklung West» wäre auch ein schöner Name gewesen für das Unterfangen, im Streit um das Stasi-Erbe vor der Tür des Westens zu kehren – und endlich Abschied zu nehmen von all jenen Weltbildern und Lebenslügen, die sich in vier Jahrzehnten deutsch-deutscher Verstrickung angesammelt haben. «Kollaboration» haben schließlich nicht nur jene getrieben, die der DDR vom Boden der BRD aus aktiv zugearbeitet oder allhier aus dem Schatzkästlein des Marxismus-Leninismus geplaudert haben, mit «Kollaboration» ist auch das unbewußte Aufeinanderbezogensein beider Systeme gemeint. Nicht nur die Machthaber der DDR brauchten die verrohte spätimperialistische BeÄrDe zur Rechtfertigung ihrer Existenz und ihrer moralischen Überlegenheit, während ihre Bürger im Westen die Utopie verwirklicht sahen – auch der Westen war auf den «Resozismus» (Enzensberger) angewiesen. Nicht nur bei denen, die im DDR-Jargon «gutwillige Kreise» hießen, war die DDR das denn doch etwas «bessere Deutschland», als Hort wenigstens des Antifaschismus, den man in Schutz nehmen zu müssen glaubte gegen den Antikommunismus der «Herrschenden» im imperialistischen Westen – zumal den deutschen Masochisten die Systemfrage immer wichtiger war als Petitessen wie Demokratie und Menschenrechte. Den protestantischen Bußpredigern gar fiel es bei, «menschliche Nähe» und «Bescheidenheit» in der DDR dem freiflottierenden Single-Dasein und dem konsumistischen Egoismus der westlichen Hedonisten entgegenzuhalten, dessen Bändigung im Namen der ökologischen Apokalypse ohnehin dringlich anstehe. Für manch einen Gesellschaftskritiker (West) wurde die DDR im Untergang erst richtig schön: daß man ihren Verlust bedauern müsse, weil der Verlust des linken Weltbildes oder der «Utopie» unweigerlich Einverständnis mit dem industriegesellschaftlichen Status quo bedeute – diese Behauptung ist das wirklich Ärgerliche des neuen linken Schulterschlusses. Da war die Debatte im undogmatischen Teil des Westens schon mal weiter.

Mit der Stasi-Debatte, der großen öffentlichen Auseinandersetzung um die Folgen des Einblicks in die vom MfS akribisch gesammelten Befunde über mißliebige Kräfte im Reich des Sozialismus, mit der Frage, wer wen warum bespitzelt und verraten hat, ist die Identitätskrise, die aus dem Untergang der DDR herrührt, unübersehbar auch bei den Westdeutschen angelangt, die sich womöglich noch darüber getäuscht hatten, daß wir wirklich «ein Volk» geworden sind. Hinter der Debatte über die Stasi lauert nicht nur die womögliche Enttarnung von Politikern oder prominenten Intellektuellen aus der westdeutschen DDR-Unterstützerszene, sondern auch die Entthronung hegemonialer Weltsichten und ihrer Vertreter, ganz zu schweigen von der Entwertung oder Relativierung politischer Lebenswerke. Die Modalitäten der westdeutschen Ostpolitik von SPD und CDU stehen, seit der brandenburgische Ministerpräsident, der ehemalige Konsistorialrat Manfred Stolpe, im Zwielicht steht, ebenso auf dem Prüfstand wie die literarische Qualität der DDR-Literatur und das politische Fingerspitzengefühl westdeutscher Schriftstellerverbände und Akademien. Und nicht zuletzt erlebt der Westen in der Konfrontation mit der schmutzigen Vergangenheit der DDR die Wiederbegegnung mit der gemeinsamen schmutzigen Vergangenheit Deutschlands – und mit der Frage, ob die blutigen historischen Irrtümer dieses Jahrhunderts jemals gesühnt, geschweige denn «bewältigt» werden können. Einen «Schlußstrich», wie er jetzt von vielen im Westen aus deplaziertem Mitleid mit den «armen Ossis» gefordert wird, wird es jedoch für beide deutschen Vergangenheiten nicht geben können. Er wäre auch eine vertane Chance.

Eine ganze Welt ist untergegangen und in Deutschland streite man sich um ein paar Spitzel und Denunzianten und ihre noch geringere Zahl von Opfern – Kritiker wie Andrzej Szczypiorski finden die Deutschen maßlos in ihrer eitlen Selbstbezogenheit. Die Leidenschaft der Debatte aber deutet darauf hin, daß es «nur» um die beschädigten Biographien der Stasi-Opfer nicht geht, daß darüber hinaus auch geistige Beheimatungen, Weltbilder und Wahrnehmungsgewohnheiten in Frage stehen – all das, woraus sich eine «Identität» zusammensetzt. Und niemand erkläre für eine Kleinigkeit, was für andere eine Voraussetzung für die politische Kalkulierbarkeit dieses Landes in krisenhaften

Zeiten ist. Aber wer weiß: vielleicht ist die Debatte über die Maßstäbe, die dieses Land und seine Bewohner künftig an sich und andere anzulegen gedenken, wenn es um Freiheit, Menschenrechte, Demokratie, Gerechtigkeit oder Rechtsstaatlichkeit geht, schon im Gange – quer, widersinnig, leidenschaftlich, aber unerläßlich für die politische Selbstvergewisserung eines Volkes, das die welthistorische Aufhebung des Ost-West-Gegensatzes im eigenen Land zu exemplifizieren hat.

So unterschiedlich die Beiträge in diesem Band auch sein mögen – ihre Autoren sind von der Notwendigkeit dieser Debatte überzeugt und ebenso davon, daß es dabei keine Arbeitsteilung der Betroffenheit zwischen Ost und West geben darf. Schließlich thematisiert der deutsch-deutsche Streit nicht nur «Kollaboration» im direkten Sinn, wie sie Henryk Broder zuerst im «Spiegel» polemisch dingfest machte. Er bedeutet eine Verständigung über «Regeln des Richtigen», wie sie nur im Konflikt möglich ist (Karl Otto Hondrich) – und ist, wie Klaus Hartung zu guter Letzt bemerkt, die praktizierte Einigung, die als laues Frühlingslüftchen nun mal nicht zu haben ist. Sofern unser Sinn für nationale Selbstvergewisserung uns nicht wieder den Blick verstellt für die täglich veränderte Wirklichkeit, liegt darin fast schon wieder ein Hoffnungsschimmer.

Frankfurt, im März 1992   Cora Stephan

Cora Stephan

Wir lieben sie doch alle

Über die geistige Wiedererrichtung der DDR

Die Dialektik der Mediengesellschaft

Hat es denn wirklich jemand dazu kommen lassen, damals, zum Jahresbeginn 1990, vor gut zwei Jahren also, kurz nach dem Fall der Mauer, zu jenen frechen «Siegesfeiern des westlichen Lebensmodells» [1] mit Schampus und klingendem Spiel, zu denen sich jetzt niemand mehr bekennen mag? Kaum möglich, denn heute brauchen wir sie dringender denn je, unsere DDR – deren geistige Wiedererrichtung nicht zuletzt Herzensanliegen unseres Bundespräsidenten ist, der in gesamtdeutscher Verantwortung bereits seit einiger Zeit mancherlei Einsicht bewahrend verkündet, die gewissermaßen DDR-identisch ist. In der seit der Aktenöffnung zu Jahresbeginn in Deutschland West wie Ost leidenschaftlich entbrannten Stasi-Debatte jedenfalls stellte sich Weizsäcker an die Spitze einer Kritik kapitalistisch verfaßter Öffentlichkeit, wie wir sie zuletzt vor dem Fall der Mauer in der örtlichen SED-Zeitung lesen konnten: «Aus der leidvollen Geschichte der DDR ein Objekt für Mediengeschäfte mit gekauften Akten und reißerischer Verbreitung von Angst und Feindschaft zu machen, ist ein widerwärtiger Skandal. Es darf nicht sein, daß die einen verdienen, die anderen verzweifeln.» [2] Darf es, natürlich, nicht. Es ist des Bundespräsidenten besonderes Talent, das Selbstverständliche nach Art der Großen Gesellschaftskritik zu intonieren und auch den selbstkritischen Zeitgenossen gleich noch mit abzumahnen, auch wenn der an derlei Scheußlichkeiten bis dato noch nicht einmal heimlich gedacht hat. An der Präsidentenrhetorik läßt sich ein ausgeprägter Mechanismus bundesdeutscher Öffentlichkeit exemplifizieren: die Neigung, jedes Anzeichen unmoralischen Fehlverhaltens präventiv zu geißeln, noch bevor es überhaupt gesellschaftlich signifikant geworden ist. In der Stasi-Debatte, so weiß man's jetzt auch im letzten Dorf der Republik, geht es nicht um das, was einst einigen DDR-Bürgern von ihrem Staat angetan wurde, sondern darum, daß skrupellose Geschäftemacher (West) mit der Verzweiflung anderer (Ost) Geld verdienen. Damit ist eine eindringliche und der notwendigen Selbstvergewisserung der ganzen Nation (sic!) dienende Diskussion über die wünschenswerten und notwendigen Regeln des Zusammenlebens «plattgemacht» worden, um's neudeutsch zu sagen. Und zugleich ist eine im Osten beliebte und im Westen offenbar benötigte Denkfigur vom obersten Mahner und Warner der Nation verstärkt worden: Jede realsozialistische Schweinerei verblaßt angesichts der Propagandamacht der westdeutschen Medien. Wie wir dort jederzeit nachlesen können. Der Kapitalismus sieht mithin genauso aus, wie ihn das «Neue Deutschland» immer an die Wand gemalt hat.

Nun – es gehört zur feinen Dialektik des westdeutschen Kapitalismus, daß er neben seinen unzweifelhaften Vorzügen stets auch die allerschärfste Kritik an seinem Sosein und Dasein frei Haus mitliefert. Die aber ist wichtig – denn die ist gemeinschaftsstiftend.[3] Die Warnung vor der schlimmstmöglichen Verfehlung («mit der Verzweiflung anderer Geld verdienen») verleiht den vielen, die das ebenso abscheulich finden, neue Dignität: Sie finden sich in der Gemeinschaft der Rechtgläubigen wieder und haben zugleich die allfällige Bußübung absolviert, die ihnen die unanständige Wohllebe auf der Sonnenseite des Globus abverlangt. «Siegesfeiern des westlichen Lebensmodells»? Um Himmels willen. Wir brauchen den Stachel im Fleische – die Wiedererrichtung einer inneren DDR. Wenn es sie schon in Wirklichkeit leider nicht mehr gibt.

In der Stasi-Debatte übt sich der Westen in Selbstanklage, zumindestens wenn man die Massenmedien für den gehobenen Moralbedarf studiert. Denn bis auf ein trotziges Nachrichtenmagazin mit dickem Portemonnaie, hoher Auflage und aggressiver Verkaufe und ein durch Unduldsamkeit auch gegenüber pittoresker Dummheit immer wieder löblich auffallendes Frankfurter Feuilleton ist in den anderen wöchentlichen und täglichen Erscheinungen eine zu Herzen gehende Selbstkritik zugange[4]: «Wir» (Rolf Schmidt-Holtz), heißt es da in traulich-vereinnahmendem Ton, dürften nicht selbstgerecht, besserwisserisch oder auflagenträchtig sein und, wahlweise von «moralischem Rigorismus» (Günter Gaus) angekränkelt oder von der «Volksdroge Antikommunismus» (Heiner Müller) besoffen, mit Flasche Bier und Tüte Chips vorm Fernseher sitzend «genüßlich» zuschauen, wie sich der «gescheiterte, gedemütigte und nichtswürdige Ostdeutsche» (Wolfgang Thierse) «auf offener Szene zerfleischt» (Regine Marquardt).[5] Nein – dürfen wir nicht. Tun «wir» übrigens auch nicht. Also werden es wohl wieder die anderen tun: die häßlichen Deutschen, die heuer Besserwessi heißen und – siehe oben.

Dieser häßliche Deutsche ist als statistische Größe schwer zu erfassen, aber deutscher Masochismus braucht ihn eben. Er ist, als Erzeugnis der freiwilligen Selbstkontrolle unserer moralischen Instanzen, schließlich dazu da, daß man vor ihm warnen und mahnen kann – z. B. eine Bevölkerung, der ihre Eliten offenbar jederzeit zutrauen, daß sie die Knobelbecher anzieht und alles mögliche plattmacht, nicht nur arme Ossis.

Im Ernst: diese Spezies, die in der Stasi-Debatte dauernd evoziert wird, meldet sich, wie ein sorgfältiges Studium der Gazetten ergibt, in ihr schlechterdings nicht zu Wort. Die Empirie kündet weder von einer «Vernichtungsaktion» gegen 16 Millionen Ostdeutsche noch von «Hexenjagd», «Intellektuellenhatz», von «Meinungs- und Gesinnungsterror», «Inquisition», «Feldzug» oder «seelischem Bürgerkrieg»[6] der Westmedien gegen plattzumachende Ossis. Seit die Verbindungen von Manfred Stolpe zur Stasi von diesem selbst öffentlich gemacht wurden, dominiert vielmehr eine breite Solidaritätsfront und ein erstaunlich inniger, nicht nur linker Schulterschluß die Schlagzeilen. Der bayerische Gesellschaftskritiker Heinz-Klaus Mertes ist einhellig abgestraft worden, und der Auflagenriese «Spiegel» wird von seinen Konkurrenten Woche für Woche ins moralische Abseits gestellt. Die Abmahnung von Weizsäckers ist übrigens keine Kleinigkeit: das sind schon schwere Säbel, wenn er die wahren Unholde nicht in den Akten, sondern bei den westdeutschen Medien, konkret: beim «Spiegel», wähnt, der, beliebtes antikapitalistisches Argument, am «Leiden anderer» auch noch verdiene.[7] Ob er mit diesem Leiden das ehemaliger Spitzel meint oder das ihrer Opfer, läßt der Präsident aller Deutschen im edlen vagen. Manch westlicher Betroffnik findet es übrigens heute schon gemein, einen Ostkollegen an sein bißchen Stasi-Tätigkeit überhaupt nur zu erinnern – gehört das doch fast schon zum bewahrenswerten Gut einer «DDR-Identität».

Tatsächlich kommen westliche Scharfmacher in dieser Debatte kaum zu Gehör. Auch die inkriminierte FAZ veröffentlicht fast ausschließlich Stimmen ehemaliger DDR-Oppositioneller, die sich schon in die Rolle der wahren Übeltäter gedrängt fühlen müssen. Sie seien doch nur eine «Minderheit», die überdies von den «schrecklichen Kindern», den Alt-68ern auf den Feuilletonsesseln, funktionalisiert würden, tönt ihnen etwa der ungleich benevolentere Vereinnahmer Günter Gaus entgegen.[8] Die in drei Wahlen gehörig «marginalisierten» Bürgerrechtler möchten sich doch bitte nicht so wichtig nehmen, assistiert Brigitte Seebacher-Brandt: «Für den Gang der Ereignisse war es ziemlich unerheblich, wieviel Staatssicherheit in wie vielen Oppositionsgruppen mitspielte»[9] – erst recht also: Schwamm drüber! Der Dichter Christoph Hein versteigt sich sogar zum zustimmenden Zitat, die Stufe der Barbarei sei dann erklommen, wenn die Opfer über die Täter richteten.[10]

Entgegen der Vermutung, Besserwessis verteilten freigebig Häme und spielten sich als moralinsaure Spanner auf, die die «In-Haftnahme von 16 Millionen einzelnen als ein einig Volk von Spitzeln»[11] (Thierse) betreiben wollten, quillt den Ossis aus dem Westen vielmehr eine sozialpflegerische Betulichkeit entgegen, die sich mit der allfälligen Nachricht vom häßlichen Deutschen nicht verträgt. Hier zeigt sich die Macht der Medien, nicht in der ein bißchen sehr nach hergebrachten SED-Parolen schmeckenden Behauptung vom «Totschlag»[12] via Schlagzeile: sie erzeugen auch Realität, indem sie vor ihr warnen – mit dem Ergebnis einer mit besten, scheinbar selbstkritischen Gründen auftretenden «Schlußstrich!»-Mehrheit.

«Schlußstrich», weil «wir» im Westen Deutschlands im Spiegel, den uns der Osten entgegenhält, plötzlich entdecken, wie rüpelhaft wir schon seit Jahren miteinander verhandeln, wenn es um die handelsüblichen «Grundfragen der Nation» geht? Oder Schlußstrich als benevolente Enteignung des noch nicht ganz mündigen Brüderchens von drüben? Die menschenfreundliche westdeutsche Kolonisierung des Ostens tritt ganz im Büßerhemd *à la mode* der alten deutschen «Kulturmission» auf: Der edle wilde Sozialist ist vor der Berührung mit westlichen Konsumgütern, gefährlichen Autos und anderen Errungenschaften der Zivilisation wie dem offenen, leidenschaftlichen, öffentlichen Streit zu bewahren – er könnte sonst Schaden an seiner Seele nehmen.[13] «Wir» halten uns besser raus. Dabei ist unsere «Identität», die nicht zuletzt auf der Existenz der DDR mitberuhte, längst ebenso in Frage gestellt, sind die Tiefendimensionen deutscher Befindlichkeit längst berührt, sind Gewißheiten, Lebenswerke und Seelenlagen auch hüben gefährdet. Wir sind, nolens volens, ein Volk. «Wir» müßten das nur mal zugeben.

Die Stasi-Debatte stellt Lebenslügen und Weltbildbesitzstände im Westen selbst in Frage, und schon deshalb geht es nicht um die große Beschützergeste den östlichen «Anderen» gegenüber, wenn hier mancher «Schlußstrich» ruft und die Büchse der Pandora wieder schließen will – und daß es der moralischen Elite, den «gutwilligen Kreisen» und einer qualifizierten Mehrheit unserer Meinungsführer just um diesen Schlußstrich geht, ist mittlerweile kaum noch zu bestreiten. Die Debatte ist unübersehbar interessiert, obzwar nur mit den allerallgemeinsten moralischen Mustern operiert wird. Der Westen arbeitet mit Hilfe der Stasi-Diskussion Ureigenes auf – alte Feindschaften und Frontstellungen, Abschied von Weltbildern, Zukunftsunsicherheiten, vergangene Traumata – Identitätsverwerfungen aller Arten. Bewußt ist das alles in den seltensten Fällen – weshalb man sich gerne hinter einem leidenden östlichen Wesen verbirgt, so daß die eigene Position als das menschlich und moralisch Gebotene erscheint. Funktionalisiert wird da von allen Seiten, während man einander alte Rechnungen aufmacht. Vielleicht ist das derzeit die größte Verständnishürde zwischen Ost und West: das vehemente westliche Eigeninteresse an der Stasi-Debatte, in der sich manch einer auf die Seite einer DDR geschlagen hat, die erst im Untergang so richtig schön geworden ist.

Seit die Debatte mit Stolpe eine Galionsfigur der von den Sozialdemokraten eingeleiteten und von der CDU fortgeführten Entspannungspolitik erreicht hat, trifft die Infragestellung der Vergangenheit auch unmittelbar westdeutsche Besitzstände. Einige Sozialdemokraten sehen zu Recht ihr Lebenswerk unter Beschuß und fürchten einen Verlust an Identität, der sie zu Solidarität zu nötigen scheint mit jenen, die an eine «Verbesserung der DDR», an «eine DDR ohne Fehl und Tadel» glaubten (Günter Gaus).[14] Der anmaßende und ungeduldige Ton indes, mit dem Gaus, Eppler oder Dohnanyi[15] ihre «Realpolitik» gegen die «Gesinnungsethik» moralischer Rigoristen verteidigen, macht mißtrauisch. Denn während die CDU die Ostpolitik zuerst maulig, bald aber selbstverständlich und pragmatisch weiterbetrieb, besaß sie für viele Sozialdemokraten über bloße «Realpolitik» hinaus die Weihen höherer Einsicht und moralischer Unanfechtbarkeit. Der «etatistische» Zug sozialdemokratischer Entspannungspolitik[16] stellte, trotz aller weiß der Himmel dankenswerten Bemühungen um «menschliche Erleichterung», in guter alter sozialdemokratischer Tradition das Allgemeine (Friedenssicherung und Gleichgewicht) vor das Besondere («Kreuzzug für die Individualrechte»[17]).

Die Gesetze der Abschreckungslogik diktierten die klassische Kabinettspolitik der Ära des überaus staatsmännischen Helmut Schmidt, in der das Staatsgeheimnis wieder *enorm en vogue* war und die Spielräume für innenpolitische Bewegung gering erschienen[18] – ebenso wie sie die Wahrnehmungsmuster der gegen die Schmidt-Regierung aufstehenden Friedensbewegung bestimmten: Angesichts der allgemeinen Bedrohungssituation erschien das Freiheitsbegehren fremder Völker als unverständlich und luxuriös. In der Friedensbewegung zu Beginn der achtziger Jahre setzte sich im Grunde die «Friedenslinie» der SED gegen die als stabilitätsgefährdend, «romantisch» oder gar «katho-faschistisch»[19] verächtlich gemachten Bürgerrechtler etwa aus Polen durch. Im großen apokalyptischen Wurf war die Frage nach Demokratie und Bürgerrecht wieder einmal obsolet geworden, der angenommene Notstand einer «Gattungsfrage» erstickte die Diskussion unterschiedlicher Interessenlagen. Das alles ist naturgemäß der Selbstkritik insbesondere bei jenen Spätberufenen nicht mehr zugänglich, die mit der Friedensbewegung wieder Anschluß an eine «breite Bewegung» und neue Legitimität als Führer von höchster moralischer Integrität gefunden haben. Für den moralisch-linksliberalen Mainstream unserer Praeceptores Germaniae ist die Friedensbewegung prägender gewesen als das undogmatische Stimmengewirr von 1968, das heute für alle Sünden, bevorzugt die der Seidenhemdfraktion aus der SPD, verantwortlich gemacht wird.

Der westdeutsche Medienstreit hat alle Züge eines Kampfes um Hegemonie, um die Definitionsgewalt: Es geht um nichts weniger als darum, wer aus der intellektuellen Szene künftig jene moralische Integrität verdient und zugebilligt bekommt, in Identitätsfragen der deutschen Nation verläßlich zu urteilen. Dies ist angesichts der Anforderungen, die die neue weltpolitische Lage an das etwas größere Deutschland stellt, keine Kleinigkeit – wovon der Empörungsschrei gegen die Kritiker der Friedensbewegung während des zweiten Golfkriegs zeugt, sie seien die neuen «Nationalisten» (Peter Glotz). So spricht, wer primär von der Notwendigkeit des Berstschutzes gegen ein «Viertes

Reich» ausgeht und sich schon deshalb nach der Bonner Republik in der von Block- und Abschreckungslogik geschützten weltpolitischen Nische zurücksehnt. Doch wer immer nur die Augen verschließen möchte vor der Notwendigkeit neuer Selbstdefinition, rechnet sich selbst als Bestimmungsfaktor künftiger Entwicklungen offenbar nicht mehr ein und überläßt wichtige Entscheidungen dem Gang der Dinge – und damit im Zweifelsfall just jenem deutschen «Sonderweg», der der angestrebten europäischen Integration eher abträglich ist.[20]

Es ist bezeichnend, daß in den wichtigsten deutschen Debatten der letzten zwei, drei Jahre die Bannerträger der Wochengabe für gutwillige Kreise mit Hochschulabschluß, der «Zeit», auf der Seite des nichts als obligatorischen Gutgemeinten operierten und sich aufs Schelten der Konkurrenz oder, wie jüngst, der eigenen Autoren wie Wolf Biermann beschränkten, zumal deutlich wurde, daß man in seiner ansonsten ungeteilten Versöhnungsbereitschaft auch manch Unwürdigem die Hand mit dem Persilschein gereicht hatte.[21] Ihre innere DDR diktiert fortschrittlichen Kulturschaffenden unweigerlich, hinter dem Enthüllungsjournalismus des «Spiegels» den kruden Marktvorteil und hinter dem arroganten FAZ-Feuilletonismus «die Rechten» zugange zu sehen. Das unanfechtbar Gute aber kennt weder Auflage noch Waffenbrüderschaft. Es ist einfach nur gut.

Das Ärgerliche an linksliberaler und sozialdemokratischer Intransingenz und Angst vor der Neubewertung vormals für unabdingbar gehaltener Politik (mehr ist nicht verlangt) ist, daß wieder einmal mit dem allerältesten und nicht unbedingt intelligentesten Klischee antikapitalistischer Kritik zum Schulterschluß aufgerufen wird, man dürfe «den Rechten» nicht zuarbeiten – die Wiedererrichtung der DDR im Augenblick ihres Untergangs. Denn auffällig ist die Verteidigung der schlichtesten Weltbildbestände ausgerechnet bei jenen «intellektuellen Hehlern»[22], die die deutsche Teilung als gerechte Strafe für Auschwitz aufrechterhalten wissen wollten, die noch bis zuletzt den Brüdern und Schwestern den «Dritten Weg» auch im Interesse aller systemkritischen westdeutschen Studienräte abverlangten und die nichts degoutanter fanden als die Bereicherungslust der Ossis an jenen Waren, die man im Westen bereits über hatte – bei jenen also, die es anmaßend fanden, daß viele im Osten das «westliche Lebensmodell» ohne Abstriche und gleichberechtigt anstreben zu dürfen glaubten. Bei ihnen stellte sich die Solidarität mit den östlichen «Verrätern» erst wieder her, als diese als neue Opfer der kapitalistischen Medien und des westdeutschen Imperialismus, als neues ideelles Gesamtproletariat, wieder kollektiv vereinnahmbar waren. Ökonomisch ist das Argument mit Vorsicht zu genießen: denn bislang sind die neuen Bundesbürger lediglich Objekt der finanziellen Zuwendung der westdeutschen Steuerzahler – und eben nicht der Ausbeutungsfreude des westdeutschen Kapitals; das kommt dann später. Weshalb das Argument entschieden besser eingeht, die «Medienkampagne» gegen die in Kollektivhaft genommenen Ostdeutschen habe die Funktion, durch vorwegnehmendes Einüben in allgemeines «Ducken» (Schmidt-Holtz) von der ökonomischen Krisensituation abzulenken, die, auch dies sei gesagt, von der ostdeutschen Bevölkerung eher geduldig ertragen wird – vielleicht, weil die Mehrheit weiß, daß die Schuldigen für diese Misere einmal nicht die Westdeutschen sind.

Die bipolare Weltsicht feiert fröhliche Auferstehung. Diese erstaunliche Wiederkehr längst vergessen geglaubten Schwarzweißdenkens verdankt sich indes nicht nur dem Hegemoniehickhack der moralischen Eliten und einer verständlichen Verwirrung des politischen Deutschlands angesichts sich überstürzender Ereignisse, sondern auch einer medienspezifischen Eigenart, die man als Zwang zur Unterkomplexität beschreiben kann. Der Zusammenbruch der alten Welt und ihrer Denkmuster überfordert die moderne Vermittlungsagentur, die nach einfachen Regeln operiert: Jedes Thema braucht reichlich auskunftsfreudiges Personal, «Betroffene» genannt, mindestens einen Schuldigen und eine weltanschaulich (je nachdem) saubere politische Antwort – sonst ist es nicht «darstellbar».

Was mit der DDR durch die und nach der Währungsunion geschah und noch geschieht, sprengt dieses Schema. Die «Eigentumsfrage» mag das deutlich machen. Zunächst schien sie dem an sich empörungsbereiten Journalisten (West) ins gewohnte antikapitalistische Raster zu passen, demzufolge der Täter im Westen sitzt und vorzugsweise als kaltherziger und stinkreicher Hamburger Notar mit der teuren Polaroid um den einstigen Familienbesitz schleicht, in den DDR-Bürger in entbehrungsreichen Zeiten fleißig investiert hatten. Manchmal aber entpuppte sich der reiche Notar aus dem Westen als keineswegs so erfolgreicher, aus der DDR vertriebener und um sein Eigentum betrogener Ex-Zoni, waren die Villenbewohner mal nicht die arglosen, wackeren

Bürger, als die sie die journalistische Kapitalismusanalyse haben wollte, gründete sich die Furcht im Osten, von neuen Eigentümern aus alten Wohnungen vertrieben zu werden, weniger auf deren handgreifliche Aktionen, als auf die jahrelange Lektüre von DDR-Zeitungen.[23] Überdies waren andere «Eigentumsfragen», etwa die nach der Zukunft des öffentlichen Wohnungsbaus, ebensowenig in dieses Raster zu fassen wie das Problem der Rückgabe von volkseigenen Betrieben an alte Besitzer. Diese konnte man schwerlich unter moralischen Verdacht stellen zugunsten der durch nichts legitimierten alten Kader in neuem Besitzeranzug – und überdies ist ihre westliche Kohle und ihre aus sentimentaler Anhänglichkeit gespeiste Investitionsbereitschaft oft die einzige Hoffnung für den heruntergekommenen Betrieb.

Was es heißt, nicht das Privateigentum abzuschaffen, sondern es wieder einzuführen, wäre ein Thema für die Sozialwissenschaften. Gegenstand öffentlicher Debatte ist das nicht: die braucht die Schurkerei (für die sich auch manch verfehlte Treuhand-Entscheidung hergibt) und die dazugehörigen Schurken und, letztendlich, einfache Identitäten, die in das Raster oben–unten, links–rechts, Opfer–Täter oder Schuld–Unschuld passen.

Natürlich haben Kritiker recht, die statt der eifrigen Suche nach dem verschwisterten oder verschwägerten IM die Analyse der Strukturen einer Diktatur fordern, der Tatsache, daß sich ein an sich marodes System so lange halten und noch zum Schluß die Solidarität westlicher Gutwilliger mobilisieren konnte. Mit solchen Fragen allerdings ist die Öffentlichkeit der Massenmedien überfordert. Die enge Beziehung zwischen Spitzel und Bespitzeltem paßt einfach besser ins vorgebliche Interessenprofil eines Personalisierung gewohnten Publikums – und sie hat ja durchaus den Vorteil, daß sie dem einzelnen Leser oder Zuschauer Identifikation und Infragestellung eigener Gewißheiten abverlangt und damit auch eine differenzierte Einschätzung dessen erlaubt, was menschlich zumutbar, was aber auch wünschenswert und überlebensnötig ist. Natürlich sind Täter und Opfer unterscheidbar.

Ohne die Anstrengung solcher Differenzierungen aber vereinnahmt die Stasi-Debatte, wie sie in den benevolenten West-Medien geführt wird, die Bewohner der ehemaligen DDR umstandslos als eine einzige Opfermasse – nicht der Stasi, was nicht stimmen würde, sondern des Westens, was erst recht nicht stimmt – und kreiert, was, in den Worten von Reinhart Schult, die SED in 40 Jahren Herrschaft nicht geschafft hat: ein einig DDR-Staatsvolk. In dieser «falschen Solidarisierung und damit Kumpanei»[24] fühlen sich offenbar keineswegs alle Ostdeutschen wohl.

Im Westen ist das selbstanklägerische «Wir», das die Mahner und Warner bemühen, eine nicht minder verlogene Identitätsstiftung im Negativen. Hier vereinigt man «alle Westdeutschen» unter der schlichten Behauptung, niemand könne sagen, er wäre unter vergleichbaren Umständen nicht auch zum Spitzel oder Schlimmerem geworden – eine Vereinigung natürlich nicht mit jenen, die beides nachweislich *nicht* geworden sind, sondern mit der großen Mehrheit nicht nur der Ex-DDR-Bürger, sondern auch noch der weiland Nazi-Untertanen. «Dem Kollektiv Nation», vermuten Knapp und Hausmann, «das in der alten Bundesrepublik charmanterweise konturenlos blieb, wird über die Politikentschuldungspädagogik neues Leben eingehaucht.»[25] Was als Lernprozeß durchgehen könnte gegenüber jenen bewegten Zeiten, als die Jüngeren die Älteren mit gnadenlosem Rigorismus für die Kollektivschuld am Nationalsozialismus vereinnahmten, wenn sie nicht sauberen Widerstand vorzuweisen hatten, ist heute eine Generalabsolution geworden: die ebenso falsche Behauptung, es gebe schlechterdings nichts, was man den menschlichen Individuen an moralischer Integrität zumuten oder abverlangen könnte. Sind wir, was unsere politischen Maßstäbe betrifft, denn tatsächlich wieder bei der Stunde Null angekommen, gelten die letzten 40 Jahre lebendiger Erfahrungen mit einer wandelbaren Demokratie nichts, wenn zumindestens die moralischen Meinungsführer kollektiv behaupten, sie seien nur bei Schönwetter, nicht aber in harten Zeiten abrufbar vorauszusetzen? Das, immerhin, wäre eine Auskunft von Tragweite.

Die Macht des Verdrängten

Das Postulat, niemand dürfe mitreden in Sachen DDR und Stasi, der all das nicht höchsteigen erlebt und erlitten hat, sowie die Behauptung, im verwöhnten Westen könne niemand wissen, wie er selbst sich unter vergleichbaren Umständen verhalten hätte, ist nur vordergründig menschenfreundlich – es offenbart vor allem einen erstaunlichen Werterelativismus.[26] Man ist sich offenbar einig, daß es ein Mindestprogramm an Maßstäben für menschliches Verhalten in Krisensituationen hierzulande nicht gebe, die, wenn nicht absolute, so doch eine gewisse Allgemeingültigkeit hätten.[27] Dieser Wertrelativismus machte schon während der erhitzten deutschen Debatten über den zweiten Golfkrieg die öffentlich-rechtliche Friedenslinie einigermaßen suspekt: Man predigte Toleranz für vieles (die Eigenart nahöstlicher Diktaturen, z. B.), aber nicht für die eigene Kultur und ihre Regularien, die, fehlbar wie sie zweifellos ist, gegenüber den pittoreskeren Systemen doch einige unschätzbare Vorzüge aufweist. Dem Resozismus oder der Vision einer «besseren» DDR (Günter Gaus et alii) können viele vieles abgewinnen, während sie dem eigenen politischen System wenig zugute halten – der deutsche Affekt gegen die «seelenlose», rein «formale» Demokratie, wie sie seit Weimar etikettiert wird, pflanzt sich frischwärts fort. Im antikapitalistischen Kategoriensystem jedenfalls wird der Demokratie nur als geringer Vorzug angerechnet, von mehreren Übeln das kleinere zu sein bzw. der schlechten menschlichen Systeme besseres darzustellen.

Weshalb sich auch von selbst versteht, daß dieses System keineswegs enthusiastisch gen Osten exportiert wurde, als großartiges «Geschenk», wie Günter Gaus nörgelnd bemerkt, das man für vollkommen ansehe. Im Gegenteil: man hält die Gabe für so wertvoll nicht. Denn die Kritik an ihr, die Gaus verärgert einfordert, hat man doch hierzulande viel schneller parat als den Lobgesang auf ihre Vorteile, der über die paar Politikerfloskeln zur FDGO hinausginge. Manch einer liebäugelt schon mit einer neuen Konvergenztheorie: daß sich die Fehler des westlichen Systems jetzt am häßlichsten zeigten, da der Gegenentwurf abgewirtschaftet hat.

Und das ist ja auch wirklich das ungemein Enttäuschende des deutsch-deutschen Einigungsprozesses: die verpaßten Chancen Ost wie West. So wurden hochwohllöbliche westliche Verwaltungsvorschriften gen Osten exportiert, nicht aber die dazugehörigen lebendigen Aneignungsprozesse, in deren Verlauf sich die obrigkeitshörigen Bürger der Adenauerzeit verflüchtigt und die staatlichen «Organe» zu einigermaßen manierlichen und auskunftspflichtigen Dienstleistungsagenturen gewandelt haben. Wir sind dem Osten den leibhaftigen Nachweis der Schönheiten dieser Demokratie eher schuldig geblieben – insbesondere natürlich jene schmollende Generation Frühvollendeter, wie sie Patrick Süskind beschreibt, die ihre Brüder und Schwestern «drüben» zum Aufbau des Sozialismus im eigenen Lande am liebsten auf alle Zeiten und zwangsverpflichtet hätten.

Eine weitere verpaßte Chance liegt in dem Verzicht auf das, was das Feuilleton der FAZ «Abwicklung West» nennt – jene Bilanz, die eine ausgeruhte Gesellschaft über sich und ihre eigenen Defizite oder gar Lebenslügen ziehen könnte, wenn die Angst vor und die Drohung mit dem Feind endlich die Phantasie nicht mehr lähmt. Statt dessen haben die Analyse der Defizienzen der modernen Industriegesellschaft und der Parteiendemokratie seit der deutschen Einigung den ältesten Hütern der «Systemfrage» Platz gemacht – oder auch der naiven bis bedenklichen Diskussion über eine inhaltliche Auffüllung des Grundgesetzes, etwa mit einem «Recht auf Arbeit» oder ähnliches. Wir waren schon einmal weiter.

Nun gibt sich die Demokratie als das ewige Ringen um das kleinere Übel schlechterdings nicht her für größere als die bloß zähneknirschende Anhänglichkeit. Die geringe Begeisterung für das Langweilig-Prozedurale der Demokratie im Westen trifft sich heute offenbar mit manch östlicher Stimmung, die zuvor angestrebten westlichen Errungenschaften noch oder wieder als einziges großes Betrugsmanöver wahrnehmen zu wollen. Mit großer Bereitwilligkeit jedenfalls wird der Unterschied zwischen einer heftigen und leidenschaftlichen öffentlichen Debatte und einem Strafprozeß mit Todesurteil verwischt[28]: Das martialische Vokabular, mit dem die «Hetze» der Medien qualifiziert wird, scheint geradewegs östlichen Ängsten entsprungen – jener jüngsten Vergangenheit, in der Kritik und Anklage existentielle, ans Leben gehende Konsequenzen haben konnten. Jetzt wittern auch die guten Menschen im Westen hinter manch unfreundlicher Charakterisierung bereits «Krieg» und Entleibung.[29] Unter den wuchernden Metaphern verwischt sich der Unterschied zwischen aggressivem öffentlichen Nachfragen und einer «Hinrichtung». Auch den moralischen Eliten ist im luxurierenden Westen offenbar das Unterscheidungsvermögen abhanden gekommen, das doch einen zivilisatorischen Fortschritt gegenüber protestantischer Bußpraxis bedeutet: Der Gedanke und das Wort sind nicht die Tat.

Christoph Hein irrt sich: Niemand betreibt Lynchjustiz, die in der Tat die Opfer zu den wahren Barbaren machte und gegen die der Rechtsstaat glücklich erfunden wurde.[30] Der Rechtsstaat hat aber auch den Vorteil, daß er niemandem die protestantische Leistung abverlangt, das Werk der Versöhnung – Anklage, Verteidigung und gerechtes Urteil – in einem, dem eigenen gequälten Busen abzuhandeln. Der Bürger delegiert seine Angelegenheiten an den Rechtsstaat, was heißt, daß er dem Faustrecht ade gesagt hat – nicht aber seinen wie auch immer von Rachedurst, Empörung, Schmerzensschrei, Feinderklärungen oder meinetwegen auch Versöhnungsbereitschaft durchwebten Gefühlen. Der ewige Aufruf der Berufsprotestanten, doch bitte schön auch die Gefühle zu pazifizieren, erinnert an die aus den Apokalypseaufrufen der Friedensbewegung bekannte Dominotheorie, derzufolge ein Husten die Lawine auslöst und die atomare Bedrohung auf die aggressiven Gefühle «der» Menschen zurückzuführen sei. Gefühle bringen *nicht* um.

Wer die Debatte den Gerichten übergeben will, votiert – willentlich oder unwillentlich – für den dicken Schlußstrich, die Verdrängung bis zur nächsten wißbegierigen Generation, die sich dafür so freudig bedanken wird wie unsereins in den sechziger Jahren.

Natürlich kann das nicht heißen, daß «der Osten» den Westen nun dafür zu entschädigen hätte, daß dieser sich mit der Bewältigung der Nazi-Vergangenheit so schwer tat – weshalb nun andere alles besser zu machen hätten. Und dennoch zeigt der Griff in die Kiste mit den historischen Vergleichen, daß den Deutschen nolens volens wieder einmal die Geschichte um die Ohren fliegt, die jüngere und die etwas weniger junge deutsche Geschichte, die sich als taufrisch wie am allerersten Tag ihrer «Vergangenheitsbewältigung» erweist. Symptomatisch dafür die Solidarisierung mit dem Rektor der Humboldt-Universität, Heinrich Fink, der für viele seiner Studenten ironischerweise zu einer Figur geworden zu sein scheint, in der sich «DDR-Identität» mit dem neuen Geist der Zeit verbindet.[31] Der Fall Fink ist ein gutes Beispiel für die postrevolutionäre Umschichtung der Eliten (die manche Westler, natürlich!, auch schamlos nutzen zur Förderung der eigenen Karriere): Nach einem Systemsturz steht logischerweise auch die Legitimität jener in Frage, die das von den Menschen nicht mehr gewollte System trugen. Daß die alten Eliten unter solcher Delegitimierung mehr zu leiden hätten als all die anderen in ihrer Existenz erschütterten Bürger der ehemaligen DDR, ist indes kaum anzunehmen und fordert schwerlich zu besonderer Solidarität heraus. Ihr Sturz gefährdet jedoch ohne Zweifel auch jene, die das System im Westen verteidigten oder schönredeten.

Das aber erklärt nicht die im allgemeinen Systemvergleichsspiel besonders interessante Fehlleistung des Chefredakteurs der ostwestdeutschen «Wochenpost», die Absetzung des mutmaßlichen IM Heinrich Fink mit der französischen Dreyfus-Affäre und dem bundesdeutschen Berufsverbot zu vergleichen: Es gehe nicht an, daß man nun eine Gruppe von Staatsbürgern minderen Rechts schaffe und alle ausgrenze, «die sich auf ihren Staat (die DDR) eingelassen hatten».[32] Die alten Eliten und Stasi-Mitarbeiter mutieren damit nicht nur zu bloß sympathisch-engagierten, halt irgendwie links-gesellschaftskritischen Staatsbürgern, sondern gleich noch zu rassisch Verfolgten. Was womöglich als Neuauflage eines flammenden «J'accuse!» gedacht war, geriet unter dem Einfluß eines mächtigeren Unbewußten zur Farce – daß jemand, der aus freien Stücken und zum eigenen Vorteil mit dem System kollaboriert hat, dem jüdisch-französischen Offizier Dreyfus vergleichbar sei, der aus seinem Willen nicht unterliegenden rassischen Gründen verfolgt wurde, konnte doch wohl nicht gemeint sein. Ebensowenig eine Generalabsolution für alle Deutschen, die sich jemals ein bißchen allzusehr «auf ihren Staat eingelassen» haben (den demokratischen ausgenommen, der hat hierzulande Leidenschaften nur im Negativen entflammt).[33]

Oder? Einer bösartigen Deutung zufolge zeigt sich in solchen Fehlleistungen, daß auch jene langsam die Nase voll haben von fortwährender Vergangenheitsbewältigung, die sich das zu sagen nicht trauten, solange es um den Nationalsozialismus ging. Beim ja «unblutigeren» deutschen Sozialismus aber kann man den «Befehlsnotstand» endlich akzeptieren – ebenso wie den weiland empört zurückgewiesenen Satz Filbingers: «Was damals Recht war, kann heute nicht Unrecht sein.» Hier ist endlich auch Mitleid mit den Tätern erlaubt, nicht gleich mit den eigenen Eltern, aber doch mit den Älteren. Was schon während der Golfkriegsdebatten auffiel, nämlich daß sich mit der Chiffre «Dresden» plötzlich kritische deutsche Kritiker auf die eigenen, die deutschen Toten besannen, obzwar sie sonst ihr Mitleid gewohnheitsmäßig aufteilen zwischen Würdigen und Unwürdigen, scheint sich jetzt zu wiederholen. Die Herstellung der DDR als einig Volk von Opfern wäre dann die Versöhnung mit der Vergangenheit, der Wiederanschluß an eine gute, unzweideutige Geschichte – und die geistige Wiedererrichtung der DDR das Introjekt des guten Mutterlandes, dessen wir in der heillosen deutschen Geschichte nicht verlorengehen dürfen.

Vielleicht spielt das mit. Primär scheint es darum indes nicht zu gehen. Ganz abgesehen davon, daß niemandem verübelt werden muß, daß er sich etwas wünscht, was nicht zu haben ist – nämlich Befreiung von der Last der Vergangenheit –, scheint die Exkulpation der allzu eifrigen sozialistischen Staatsdiener jedoch auf den Erhalt eines anderen, auch vielen im Westen Identität stiftenden Mythos der DDR hinauszulaufen. Auf den Mythos nämlich, die DDR sei, bei all ihren Nachteilen, doch wenigstens ein Hort des Antifaschismus gewesen – nicht nur durch die Biographie ihrer politischen Elite, sondern auch durch konsequente Abrechnung mit den Nationalsozialisten, während im Westen die Globkes und Oberländers wieder gebraucht wurden. Auf diesen Mythos verweist die Vergleichspraxis vieler linker Schriftsteller aus der DDR, denen die Aufdeckung von Stasi-Mitarbeit doch wohl nur deshalb wie die «Judenverfolgung unter den Nazis» erscheinen kann, weil sie Kommunisten und Juden vom gleichen Feind bedroht wähnen, vom Kapitalismus nämlich – wie es die alten SED-Führer sahen, die als politisch Verfolgte des Nazi-Regimes im KZ gesessen haben.[34]

Die verqueren historischen Vergleiche verdanken sich offenbar der Befürchtung, mit der Nichtigerklärung der DDR auch ihren Antifaschismus für nichtig erklären zu müssen, jenes Konstrukt, das Propagandalüge[35] war und zugleich die untergründige Verstrickung zwischen nachgeborenen Deutschen Ost und West benennt. «Antifaschismus» ist die Chiffre für das gute Deutschland und zugleich Lohn der eigenen Mühe in der Auseinandersetzung mit der deutschen Vergangenheit. «Antifaschismus» ist, für die Generation, die mit der Elterngeneration und ihrer Lebensweise, ihrer Adenauerrepublik zu brechen versucht hat, nicht zuletzt Entschädigung für den Verzicht, sich im eigenen Land beheimatet zu fühlen. Und: Die demokratische Schwäche der westlichen «gutwilligen Kreise» ist wahrscheinlich kaum zu erklären ohne eine Grundthese der Antifa-Theorie – daß nicht die Schwäche der Weimarer Republik, die mangelnde Verankerung der demokratischen Republik im politischen Bewußtsein der Deutschen, die Hauptursache für den Sieg des Nationalsozialismus gewesen sei, sondern das kapitalistische Ausbeutungssystem, das sozusagen strukturell jederzeit zum «Faschismus» werden könne. Diesem Konnex zufolge war die DDR diesbezüglich über jeden Verdacht erhaben – nicht aber der kapitalistische Westen.

Daß heute nicht nur die Antifa-Propaganda, sondern auch der handfeste «Antifaschismus» der DDR in Frage steht, ist für dieserlei geistiger Besitzstände keine Kleinigkeit. Denn die Annahme ihrer jedenfalls antifaschistischen «Grundrichtung» hat einen gewichtigen Teil daran, daß die DDR auch von jenen Linken nicht völlig aufgegeben werden konnte, die den «Resozismus» durchaus ablehnten: galt sie doch immerhin als «das politische Gemeinwesen des staatlich inkarnierten Antifaschismus»[36] (Dan Diner). Im benevolenten Beschützen der westlich-kolonisierten Stasi-DDR wird, wie mir scheint, nun versucht, diese Identität weiterhin aufrechtzuerhalten: schlimmer als die paar Verstöße gegen Demokratie und Menschenrechte in der ehemaligen DDR ist ihre kapitalistisch-marktorientierte (Medien!) Aufdeckung heute. Denn die DDR war antifaschistisch, während der Kapitalismus den Verdacht nicht ausräumen kann, er führe zum Faschismus (so wie ein wiedervereintes Deutschland geradewegs ins «Vierte Reich» marschiert). Wenn es denn irgendeine von einer Mehrheit anerkannte DDR-Identität gäbe, dann läge sie womöglich hier – im antifaschistischen Anspruch, mit dem die SED-Propaganda durchaus erfolgreich die «gutwilligen Kreise» der BRD zum Schulterschluß zwang.[37]

Ernst Nolte provoziert seit dem Historikerstreit mit Systemvergleichen. Seine neuerliche Beschreibung des Antifaschismus als Staatsideologie der DDR ist indes schwerlich ketzerisch: Die kommunistische Ideologie habe den Faschismus als letzte Form des Abwehrkampfes des Kapitalismus gegen den Sozialismus aufgefaßt. Einig aber seien sich Sozialismus und Faschismus in einem gewesen: in ihrem Kampf gegen die Demokratie, die beider erstes Opfer geworden sei.[38] Im westlichen Nachkriegsdeutschland aber siegte, zum Nachteil höherer Erkenntnis, der Anti-Antikommunismus – über eine Totalitarismustheorie, die nicht von kalten Kriegern, sondern von der diesbezüglich unverdächtigen Hannah Arendt entworfen wurde, eine Theorie, die für die Illusion keinen Raum ließ, ein sozialistisches System müsse sozusagen vollautomatisch antifaschistisch sein, weil es antikapitalistisch ist. Die Totalitarismustheorie nimmt die demokratische Verfaßtheit zum Unterscheidungskriterium, nicht die Systemfrage. Unter diesem Blickwinkel aber läßt auch der Antifaschismus der DDR eine Menge Fragen offen.

Mehr als die Stolpe-Debatte müßte hüben wie drüben die Gemüter erregen, wie heute vor einem ordentlichen Gericht mit dem Antifaschismus der DDR verfahren wird. Am 28. Oktober 1991 schon hat der

1. Strafsenat des Bezirksgerichts Dresden in einem Kassationsbeschluß ein Kernstück des DDR-Antifa in Frage gestellt: die Waldheimer Prozesse. Im Zuchthaus des sächsischen Städtchens Waldheim nördlich von Chemnitz urteilten von April bis Ende Juni 1950 Sonderstrafkammern 3385 Menschen ab, die, als Kriegs- oder NS-Verbrecher unter Verdacht, von der sowjetischen Besatzungsmacht interniert und nun den Behörden der DDR übergeben worden waren. Diese Prozesse waren nicht von den Justizbehörden, sondern von der «Abteilung staatlicher Verwaltung» beim Parteivorstand der SED vorbereitet worden und wurden, abgesehen von wenigen Schauprozessen im Rathaus, im Schnellverfahren von durchschnittlich 20 bis 30 inuten unter Ausschluß der Öffentlichkeit durchgezogen. Neben 32 Todesurteilen erkannten die 12 großen und 8 kleinen Strafkammern zumeist auf langjährige Gefängnisstrafen.[39]

Die «Waldheimer Prozesse» waren das, wovon eine von deutscher Schuld und deutschem Schweigen gequälte und verwirrte Generation im Westen Deutschlands lange geträumt hat. Das Gerechtigkeitsempfinden dieser jüngeren Generation hat stets empört, wie viele Maschen das Prinzip des Nachweises individueller Täterschaft den Nazis ließ, die sich mit «Befehlsnotstand» herausredeten oder mit der selbstbewußten Behauptung Filbingers: «Was damals Recht war, kann heute nicht Unrecht sein.» Was heißt es für dieses Rechtsempfinden, dem der Satz schon immer zynisch schien, der Rechtsstaat verspreche keine Gerechtigkeit, sondern höchstens Rechtsstaatlichkeit und optiere manchmal auch nur für Rechtsfrieden, was heißt es für diese Generation, wenn die sozialistische Gerechtigkeit heute unter Verdacht gerät? Das Bezirksgericht Dresden erklärt in seinem Kassationsbeschluß, «daß die in Waldheim durchgeführten Verfahren nicht ernsthaft um die erschöpfende Klärung der Schuldfrage beim einzelnen Angeklagten bemüht waren, sondern von der als Hüterin des Antifaschismus auftretenden SED als Instrument zur Stärkung der Machtposition der Partei innerhalb des noch ungefestigten neuen Staatsgebildes DDR mißbraucht wurden»; es habe sich um «menschenverachtende Durchsetzung politischer Ziele der damaligen Machthaber unter dem Deckmantel ordentlicher Gerichtsbarkeit» gehandelt. Gegen acht ehemalige DDR-Juristen wird wegen Rechtsbeugung, Mord und Freiheitsberaubung ermittelt.[40]

Unter sowjetischer Besatzung und in der DDR hat das Allgemeine das Besondere dominiert, wurde nach dem gutsozialistischen Motto verfahren: «Auf Einzelschicksale kann keine Rücksicht genommen werden.» Jetzt konstatiert ein ostdeutsches Gericht, daß die rechtsstaatliche Würdigung des Einzelfalls höher zu veranschlagen sei als eine antifaschistische Gesinnungsjustiz. Nun werden die ehemaligen Richter verfolgt – schreckliche Richter auch sie, die, gesteigerte Absurdität, schreckliche Richter aburteilten? Und sind heutige Gerichte die Verfolger der Verfolger der Verfolger – oder lediglich neutrale und willkommene Instanzen der Rechtsstaatlichkeit, die endlich mit der Schuldspirale Schluß machen wollen? Oder muß jetzt hier im Westen, wie Joschka Fischer insinuiert, das positive Recht ein bißchen gebeugt und gestreckt werden, damit einem neuerlichen revolutionären Wunsch nach Gerechtigkeit gedient ist – und das blöde Gelaber endlich aufhört?[41] Oder müssen wir uns vielmehr damit abfinden, daß letztendlich nichts gesühnt werden kann, daß die Vergangenheit offenbleiben muß, ohne versöhnliche und moralisch akzeptable Beschließung – weil die zögerliche Demokratie denn doch dem revolutionären Gesinnungsurteil vorzuziehen sei? Nichts könnte wohl besser symbolisieren, wie heftig derzeit deutsche Vergangenheit wieder hervorbricht und wie zugleich auch ihre «Bewältigung» wieder in Revision geht. Das könnte eine Erklärung für die Leidenschaft dieser Debatte sein, für die Emotionen und tiefen Verletztheiten, die sich in ihr offenbaren. Die deutsche Vereinigung hat längst auch den Westen in seiner Identität aufgestört – und zwar gerade jene, die für ihre moralische Abgrenzung vom Westen, in ihrem negativen Nationalismus, beim antifaschistischen Osten ein Trostbild finden konnten.

Darin liegt, bei allen verqueren Argumenten, nichts Lächerliches, sondern sogar ein bißchen Tragik. Das Ende der DDR erwischte gerade jene Generation in der Midlife-crisis, die ihren Wunsch, die Schuld der Eltern nicht annehmen zu müssen, vielfach mit der Hoffnung auf eine einstmals bessere Welt verknüpfte. Sie sehen sich heute illusionslos ausgerechnet auf sich selbst verwiesen und sind nicht minder zur Neujustierung ihrer mehr oder weniger bequemen Lebensentwürfe gezwungen wie ihre Brüder und Schwestern im Osten, die bislang noch glauben konnten, im moralisch saubereren Teil Deutschlands zu leben.

Die Demokratie ist, im Unterschied zu den Gewißheiten der Systemfrage, nach vorne offen. Sie gibt nicht im geringsten auch nur irgendein Versprechen auf Gerechtigkeit oder Erlösung, sondern verweist alle an ihr Beteiligten auf das, was ihnen am meisten angst macht: auf sich selbst, die sich höchsteigen und ohne guten (oder bösen) Vormund hier und heute mit ihren Belangen zu befassen haben, auf die Deutschen also, mit denen uns die Ausländer bekanntlich bitte nicht allein lassen sollen. Der Sozialismus – nicht der real existierende, aber doch der utopische, die «Idee des Sozialismus» – war das Versprechen der Erlösung, das Ende der Schuld. Und wer daran schon nicht mehr glaubte, dem galt doch wenigstens der Antifaschismus als die vollzogene Sühne. Die Demokratie aber bietet, wie am Ende eines psychoanalytischen Prozesses, nur die kalte Gegenwart – ohne Vision, ohne Utopie, ohne Grandiosität, ohne Transzendenz. Allerdings, wenn alles gutgeht, auch ohne die systematische Deformation des individuellen Wahrnehmungsvermögens.

Die geistige Wiedererrichtung der DDR gegen die «transzendentale Heimatlosigkeit» (Georg Lukács) wird nicht funktionieren. Der Wiederbelebung der Lagerlogik durch die Schulterschlußspezialisten, dem Schmusekurs der Versöhnungsliga und den rhetorischen Schwüngen der menschlichen Brückenbauer steht die Leidenschaft, der Zorn und die von keinem Kollektiv einzuschüchternde individuelle Radikalität entgegen, mit der die Stasi-Debatte hierzulande auch geführt wurde.

Anmerkungen

1 Richard von Weizsäcker Mitte Januar 1990 in einer Rede in Zürich, in der er auch meinte: «Man hat den Sozialismus als feindlichen Zwillingsbruder des Kapitalismus bezeichnet. Warum sollte der Realist nicht im Utopisten seinen wahren Helfer erkennen?» Vgl. Cora Stephan, Schmutziges Interesse. Spekulationen über das Menschenfreundliche am Eigennutz, in: Merkur, März 1990, S. 189 ff.
2 Richard v. Weizsäcker, Rede beim Besuch von Bautzen, 20. Februar 1992, zitiert nach: Das Parlament v. 28. 2. 92.
3 Chaim Noll, in diesem Band.
4 Nicht, natürlich, ohne Ausnahmen. Manch einer der Gazetten merkt man an, daß der Riß mitten durch die Redaktion geht.
5 Heiner Müller, in: FAZ, 18. 2. 92; Regine Marquardt, in: FR, 11. 2. 92; alle anderen an unten angegebenen Orten.
6 Wolfgang Thierse, Hans-Ulrich Jörges, Matthias Greffrath, Stefan Richter, Heiner Müller, Frank Schirrmacher.
7 Gerhard Riege, der PDS-Abgeordnete, der sich nach Bekanntwerden seiner Stasi-Kontakte erhängte, fürchtete sich insbesondere vor Bloßstellung im Bundestag, der durch seinen rüden Umgangston berüchtigt ist. An die Presse, die keineswegs mit blutgeilen Schlagzeilen reagierte, gelangte die Information über Rieges Vergangenheit durch die eigene Partei, die sich, wie Claus Christian Malzahn berichtet (Was tötete Professor Gerd Riege?, taz v. 22. 2. 92), Riege im alten SED-Stil vorknöpfte – wogegen selbst eine Bundestagsdebatte ein laues Lüftchen sein dürfte. Hinterher wurde ebenfalls im SED-Stil mit Rieges Tod antikapitalistische Politik gemacht. Man kennt das noch.
8 Günter Gaus, Moral-Monopoly, Aus einer Rede im Rahmen der Veranstaltungsreihe «Zur Sache: Deutschland» in Dresden am 2. Februar 1992, abgedruckt in Freitag, 7. 2. 92.
9 Brigitte Seebacher-Brandt, Das Leben, ein Aktenberg? Was die, die aus der Geschichte lernen wollen, vergessen. In: FAZ v. 1. 2. 92.
10 Christoph Hein, Die Mauern von Jericho. Aus einer Rede im Rahmen der Veranstaltungsreihe «Zur Sache: Deutschland» in Dresden am 9. Februar 1992, abgedruckt in Freitag, 14. 2. 92.
11 W. Thierse, «Stasi-Schnipsel sind kein Wahrheitsbeweis», in: Stern, 27. 2. 92.
12 Rieges Tod «ein Beispiel, daß Schlagzeilen töten können»: der Erfurter Parlamentspräsident Gottfried Müller (CDU). Riege eines der «ersten prominenten neuen Maueropfer»: Neues Deutschland (zit. nach Spiegel 9/92). «Öffentliche Hinrichtung» Rieges: Stern v. 27. 2. 92.
13 Vgl. auch Pascal Bruckner, Die demokratische Melancholie, Hamburg 1991, S. 28.

14 Günter Gaus, Moral-Monopoly, a. a. O.
15 Erhard Eppler, Die Geschichte im Rückspiegel. Erst der Dialog mit der Diktatur ermöglichte den Wandel im Osten, in: Die Zeit, 28.2.92; Klaus von Dohnanyi, Pakt mit dem Teufel, in: Der Spiegel 5/92.
16 Gert Weißkirchen, SPD-MdB, Interview mit der taz, 21.2.92.
17 Günter Gaus, Wo Deutschland liegt, nach: Christian Semler, Fetisch Stabilität, in: taz, 20.2.92
18 Im autoritären Tonfall der Verteidiger von Real- und Kabinettspolitik klingt dieses Regierungsgefühl am Rande des globalen Notstands noch an.
19 Zitiert bei Udo Knapp und Ulrich Hausmann, Einspruch, in: Kommune, 3/92.
20 Dan Diner, Der Krieg der Erinnerungen und die Ordnung der Welt, Berlin 1991, S. 56.
21 Dem Feuilletonchef der «Zeit», Ulrich Greiner, ist unter der einhelligen Empörung seiner Mitstreiter der Mut längst vergangen, mit dem er 1990 in der Christa-Wolf-Debatte das Nötige zum Hegemoniestreit um die Dominanz einer «Gesinnungsästhetik» gesagt hatte. – Beim Nichts-als-gut-Sein scheint übrigens ein festes Gehalt Wunder zu wirken. Es sind in den letzten Jahren die Freischwebenden wie Enzensberger, Biermann oder Broder gewesen, die gegen das kulturelle und politische *juste milieu* öffentlich anstanken. Daß der Troß ihnen «Profilsucht» vorwirft bei diesem durchaus riskanten Geschäft, *goes without saying*.
22 Der sächsische Staatsminister Arnold Vaatz bezeichnet damit Günter Grass, Walter Jens, Günter Gaus sowie Stefan Heym und Christoph Hein, zitiert bei Eppelmann, Spiegel 10/92, S. 36.
23 Ich spreche hier über einen zunächst spontanen Umgang vieler Journalisten mit dem überaus vielschichtigen Problem der Eigentumsfrage, deren Komplexität viele Westpolitiker ihrem Wahlvolk auch deshalb nicht vermitteln können, weil sie sie selber nicht verstehen. Damit ist nicht gesagt, daß die Mischung aus einzelnen Fällen westlicher Unverfrorenheit, östlicher Unkenntnis über die Rechte von Alteigentümern und Mietern und der allgemeinen Unsicherheit in allen Bereichen des Lebens, unter der fast alle Ostdeutschen derzeit leiden, nicht zu existentiellen und explosiven Aktionen führen kann wie die des Politikers Dalk, der glaubte, sich nur durch Selbstmord Gehör verschaffen zu können. Gerade da allerdings hilft das «Böser Wessi, guter Ossi»-Spiel nicht weiter, mit dem manch ost- wie westdeutsche Politiker die Schuldigen an solchen existentiellen Kurzschlüssen dingfest machen wollen.
24 Reinhart Schult, in: Spiegel 9/92.
25 Udo Knapp und Ulrich Hausmann, a. a. O.
26 Helga Hirsch, Zeit, 21.2.92.
27 Richard Schröder, taz, 2.3.92: «Die Frage lautet eigentlich: Gibt es ein moralisches Kriterium, das jedermann zumutbar ist? Gibt es einen Universalis-

mus in der Moral? Postmoderne Westler sagen dazu das, was uns die Marxisten auch immer gepredigt haben: alle Moral ist relativ und gesellschaftlich bedingt. Ich behaupte aber, daß es Universalismus in der Moral gibt» – Freunde, z. B., verrät man nicht.

28 Der Verweis auf ein justizförmiges Verfahren, dem jegliche öffentliche «Vorverurteilung» vorgreife, ist unredlich. Die Mehrzahl der diskutierten Delikte sind moralische Sauereien, aber schwerlich justiziabel – weil sie nicht gegen Recht der DDR verstoßen (wie im Einigungsvertrag als Maßstab festgelegt) und auch nicht als «Verbrechen gegen die Menschheit» gelten können. Über das, was eine Gesellschaft für eine moralische Sauerei hält, muß allerdings geredet werden – was schwerlich als «Säuberung» mißzuverstehen ist, weil dabei hierzulande, soweit ich weiß, bislang weder Parteiausschluß, sibirischer Lageraufenthalt noch Aberkennung der Staatsbürgerschaft vorgesehen sind.

29 Schmidt-Holtz, Stern 9/92: «Der Aktenkrieg ist ein Krieg West gegen Ost.» «Wer da den Kopf nicht einzieht, hat ihn ab.» Reinhard Baumgart, Zeit, 31.1.92, spricht von der «neuesten Welle inquisitorischen Säuberungswillens»: «die Saint-Justs und Dantons schießen ja derzeit in unseren Feuilletons hoch wie Pilze». Carl-Christian Kaiser spricht in der Zeit v. 28.2.92 von der «mörderische(n) Selbstgerechtigkeit» der Wessis und von «öffentlichen Hinrichtungen».

30 Christoph Hein, Die Mauern von Jericho, a. a. O.: «Denn wenn die Opfer über die Täter richten, beginnt – wie Gerhard Strate sagte – die Barbarei.»

31 Eppelmann über Heinrich Fink: «Alle, die sich für Heiner Fink so herausgelehnt haben, haben offensichtlich verdrängt, wer in der Hauptstadt der DDR Chef der Theologischen Sektion einer Universität werden konnte – nämlich nur ein absolut linientreuer Parteigänger des Systems.» (Spiegel 10/92).

32 Matthias Greffrath, Leitartikel, in: Wochenpost v. 6.12.91. Der Autor billigt neuerdings seiner Einschätzung lediglich spontanen Charakter und nur allerkürzeste Brenndauer zu – aber die Fehlleistung ist nun mal nicht nur in der Psychoanalyse das interessantere Spekulationsobjekt.

33 Auch der Verweis auf die bundesdeutschen Berufsverbote ist unredlich: hier wird nicht DKP-Postbeamten die Übernahme in den Staatsdienst verweigert, sondern ehemaligen Macht- und Würdenträgern «eine Runde aussetzen» (Bärbel Bohley) zugemutet.

34 Laut Richard Schröder, zitiert bei Henryk M. Broder, Ein moralischer Bankrott, in: Spiegel 51/91.

35 Chaim Noll, in diesem Band.

36 Dan Diner, a. a. O., S. 45.

37 Und nicht nur die. Des antifaschistischen Mythos bedienten sich schließlich auch die Helden von RAF und 2. Juni, die Stadtguerilla und die ganze Soli-Szene von Anti-Impis bis Autonomen, die, wie sich heute en detail (der Fall des taz- und Spiegel-TV-Journalisten Till Meyer oder der grünen Europaabgeordneten

Brigitte Heinrich, beide vom MfS geführt) herausstellt, eine autonome Politik jenseits der Blocklogik mitnichten betreiben. Mag sein, daß sich mit «Antifaschismus» auch die relativ späte Entsolidarisierung sogar in jenen Szenen erklärt, die sich vom Mythos des bewaffneten Kampfs wenig angezogen fühlten, z. B. die «Sponti-Szene» in Frankfurt. Zu den «Faschisten» mochte man naturgemäß nicht gehören.

38 Ernst Nolte, Die fortwirkende Verblendung. Über Gleichsetzungen und Vergleiche von Drittem Reich, DDR und Bundesrepublik, in: FAZ, 22.2.92.

39 Vgl. Jan von Flocken/Michael Klonovsky, Stalins Lager in Deutschland 1945–1950, Berlin–Frankfurt am Main 1991, sowie den Beitrag von Claus Leggewie und Horst Meier in diesem Band, S. 51 ff.

40 Nach einem Bericht in der FAZ vom 26.2.92.

41 Joschka Fischer (Spiegel 9/92) will die nachholende Revolution via Gerichtsprozeß gegen die wirklich Schuldigen des SED-Regimes und fordert deswegen: «Man verschanze sich nicht hinter dem positiven Recht und dem Rechtsstaat.» Das Dilemma der ganzen Debatte wird damit im Handstreichverfahren getilgt: im Rechtsstaat fällt Rechtsbeugung auf. Andererseits wäre das Gerechtigkeitsempfinden unzählig vieler höchst beleidigt, würde man ein Verfahren gegen etwa Honecker anstrengen, das mit Freispruch endet. Schon deshalb ist die öffentliche Debatte justizförmigen Verfahren vorzuziehen.

Karl Otto Hondrich
«Das Leben ist ein langer ruhiger Fluß…»
Vergangenheitsbewältigung in Deutschland

In Deutschland wird gerade die Vergangenheit, vorsichtig gezählt, zum fünftenmal seit 1945 bewältigt. Was treibt die Deutschen unaufhörlich zur Selbstaufklärung: Suche nach Wahrheit und Gerechtigkeit? Masochismus? Handfeste Interessen? Wenn die Sache einen Sinn hat, dann ist es wohl ein Hintersinn, der sich ungeachtet der ehrenwerten oder zweifelhaften Absichten aller Beteiligten hinter ihrem Rücken einstellt: Im Streit über das Vergangene und über seine Offenlegung werden «Regeln des Richtigen», also Werte und Normen, erkannt, geklärt, verankert, verbreitet, die zuvor durchaus nicht allgemein geteilt und praktiziert wurden. Kurz: es bildet und verwandelt sich die kollektive Identität in einem Lernprozeß, der die unschöne Form des dauerhaften Skandals annimmt, aber kaum anders möglich ist.

Es sind die häufigen und tiefgehenden Brüche im Grundgefüge der politischen und ökonomischen Institutionen, die den Bedarf an kollektiver Identität – und damit an Vergangenheitsbewältigung – in Deutschland hochgetrieben haben. Die Regeln des Richtigen, mit deren Klärung sich die Deutschen dabei besonders schwer tun, sind Umgangsregeln mit dem Staat, Regeln der Grenzziehung, der angemessenen Trennung von Intimität und Öffentlichkeit, Regeln des Sich-Widersetzens gegen eine Obrigkeit, die sich zugleich erhöht und mit dem einzelnen und der Gesellschaft gemein machen will. Die vorläufig letzte Erscheinungsform dieser Gemeinheit, die Staatskomplizenschaft der «Inoffiziellen Mitarbeiter», steht für ein Trauma falscher Nähe zum Staat, das das verbindende Thema aller deutschen Vergangenheitsbewältigung ist.

Was die erste Vergangenheitsbewältigung zwischen 1945 und 1950 von allen folgenden unterschied, war das frische Entsetzen nicht nur über die Leiden und Verbrechen des Krieges, sondern über die Verbrechen gegen die Menschlichkeit, die plötzlich unmittelbar allen, Siegern und Besiegten, vor Augen standen, als sich die Tore der Konzentrationslager öffneten. Die Suche nach den Schuldigen und ihre Aburteilung im Nürnberger Prozeß und den folgenden Kriegsverbrecherprozessen und Spruchkammerverfahren war zwar zunächst Sache der Sieger, sie entsprach aber auch dem moralischen Bedürfnis der meisten Deutschen, selbst derjenigen, die dem Nationalsozialismus angehangen hatten: Gerade wenn sie sich nicht persönlich schuldig fühlten, fühlten sie sich von ihm um den Erfolg aller Anstrengungen, um den Sinn der ihnen abverlangten Opfer und schließlich noch um ihre kollektive moralische Integrität gebracht. Die Bestrafung der Schuldigen bedeutete ihnen nicht nur Genugtuung, sondern auch Entlastung von eigenem Schuldbewußtsein, von dem man sich als Deutscher doch nicht ganz freisprechen konnte. So führte denn die westdeutsche Justiz, nicht ohne Zustimmung in der Bevölkerung, die von den Siegermächten 1950 fallengelassene klärende und strafende Aufgabe fort – während man sich in der DDR per verbindlicher Erklärung von der Last der Geschichte kollektiv lossagen zu können glaubte.

Es dauerte gut fünfzehn Jahre, bis, unabhängig von den regulär weiterlaufenden Gerichtsverfahren, in der Bundesrepublik eine neue Welle der Vergangenheitsbewältigung in Gang kam – diesmal nicht justizförmiger Art, sondern als politisch-moralischer Konflikt zwischen den Generationen. Die im Krieg oder nach ihm Geborenen, die berühmte «68er-Generation», verlangte von den Eltern und Großeltern Aufklärung über deren Rolle in Krieg und Nationalsozialismus. Warum habt ihr das heraufziehende Unheil nicht erkannt, warum habt ihr die Verbrechen nicht verhindert, warum wollt ihr nichts davon gewußt haben? In der Auseinandersetzung mit diesen drängenden Fragen der eigenen Kinder wurde den Beteiligten – erst oder wieder? – die individuelle Mitschuld an einem kollektiven Prozeß verdeutlicht, und umgekehrt: Durch Erklärungen, durchsichtige Ausflüchte, glaubhafte Berichte der Älteren begriffen oder erahnten die Jungen, daß in der Dynamik der Diktatur die Eingriffsmöglichkeiten und damit die Schuld des einzelnen immer geringer werden und sich in eine juristisch nicht faßbare und für den modernen Individualismus unheimliche und kaum erträgliche Kollektivschuld verwandelt. Das Ganze als schicksalhaft zu begreifen, ist für das moderne Lebensgefühl nicht akzeptabel. Es transformiert deshalb das Geschehene in Erfahrungen, aus denen man lernen kann: Dem Unheil ist nicht individuell, sondern nur institutionell, durch die richtigen politischen Formen zu wehren.

Eigentlich sollte diese Lektion in Westdeutschland schon in der ersten Phase der Vergangenheitsbewältigung, mit der Einrichtung einer Demokratie nach westlichem Muster, gelernt worden sein – eigentlich. Jetzt zeigte sich, daß Regeln des Richtigen nicht einfach dadurch gelernt werden, daß sie von anderen übernommen werden. Sie müssen auch im Inneren angeeignet werden. Das braucht Zeit. Und es geht nur im Konflikt. Die 68er als Spätgeborene konnten diesen Konflikt ohne das niederdrückende Gefühl höchstpersönlicher Schuld nach allen Seiten austragen: gegen die Erziehungsmacht Amerika, die, in Vietnam, anscheinend den eigenen Lehrplan der demokratischen und freiheitlichen Werte ad absurdum führte; gegen die Sowjetunion, die sich, beim Einmarsch in die Tschechoslowakei, als imperiale Macht entlarvte; gegen die Große Koalition im Bundestag, die mit der Verabschiedung der Notstandsgesetze die gerade gewonnene Demokratie schon wieder in Frage zu stellen schien.

Was die 68er antrieb, war ein hochgemutes Selbstverständnis, die demokratischen Institutionen, die die Großväter und Väter an den Nationalsozialismus aufgegeben und nach 1945 nur durch Niederlage und Nachdruck von außen wiederaufgenommen hatten, nun selbst zu verteidigen und dabei überhaupt erst «inhaltlich» mit Sinn zu füllen. Die historische Schuldfrage nahm dabei den Charakter eines provozierenden politischen Arguments an. Der Konflikt über die Vergangenheit wurde zur Hilfskraft im Konflikt über die Gestaltung der Gegenwart.

Noch deutlicher trat der instrumentelle Aspekt nachgetragener Vergangenheitsbewältigung bei deren dritter und vierter Aufwallung, wiederum fünfzehn Jahre später, hervor. Sie entstand um die in den USA hergestellte, in der ganzen Welt und besonders in Deutschland mit großer Spannung und Anteilnahme verfolgte Fernsehserie «Holocaust» und wurde, einige Jahre darauf, wieder angefacht im deutschen «Historikerstreit» – das eine Vergangenheitsbewältigung für die Allgemeinheit, das andere für den intellektuellen Fachmann. In beiden Versionen handelt es sich um dieselbe Sache, die deutschen Verbrechen und die deutsche Schuld. Bezeichnenderweise stritt man sich um die Sache selbst aber nur noch zum geringeren Teil – ein Anzeichen dafür, daß das vorangegangene Lernen im Konflikt schon eine gewisse Übereinstimmung erbracht hatte. Vielmehr gab es jetzt einen Meta-Konflikt über die Art, wie die grausige Vergangenheit darzustellen sei: darf sie, wie in der «Holocaust»-Serie, als ein spannendes und koloriertes Spielfilmdrama erscheinen, so recht nach dem Geschmack eines großen Publikums, und damit auch für die kommerziellen Interessen der Produzenten instrumentalisiert? Und für die deutschen Historiker lautete die Streitfrage: Darf man die Vergangenheit, in der interpretierenden Analyse, so darstellen, daß die deutsche Schuld, wenngleich einzigartig, als eine Reaktion auf vorangegangene Schuld erscheint, also doch, einfließend in den Strom der Geschichte, relativiert wird?

Auch in dieser Debatte erschien Vergangenheitsbewältigung wieder instrumentalisiert, diesmal nicht kommerziell, sondern politisch: In der historischen Relativierung deutscher Schuld durch die Rechten sahen die Linken den Versuch, Deutschland aus dem moralischen Bann des schlechten kollektiven Gewissens zu befreien und auf eine eigenständige unbekümmerte Machtpolitik vorzubereiten. Umgekehrt erblickten die Rechten in der ständigen Wiederaufarbeitung deutscher Schuld eine unheilige Interessenallianz der linken, ihr moralisches Deutungsmonopol verteidigenden Intelligenzija mit der kühlen Machtpolitik anderer Länder, die die ökonomisch und damit unweigerlich auch politisch erstarkenden Deutschen wenigstens moralisch im Griff zu behalten versuchen...

Die Parallelität zu der gegenwärtigen, vorläufig letzten Stufe deutscher Vergangenheitsbewältigung springt ins Auge. Das kleine Fähnlein der Aufrechten innerhalb der DDR, das jede Kollaboration mit dem DDR-Staat verweigerte und heute die Enthüllung aller Kollaborateure verlangt, findet sich plötzlich in einer Linie mit den ehemaligen Hardlinern des Kalten Krieges, die späte Genugtuung suchen, und muß erschreckt feststellen, daß rückhaltlose Aufklärung mit Hilfe der Enthüllungsprofis aus dem Westen nicht nur deren kommerziellen Interessen dient, sondern auch die ohnehin erdrückende politische und wirtschaftliche Dominanz des Westens über die Menschen im Osten ins Moralische hinein ausdehnt.

Auf der anderen Seite treffen sich die ehemaligen westlichen Entspannungspolitiker mit dem harten Kern des früheren SED-Regimes in der Forderung, die öffentliche Enthüllung persönlicher Verstrickungen mit dem DDR-Staatsschutz abzubrechen. Quer dazu gibt es eine Front radikaler Datenschützer gegen radikale Aufklärer. Und wiederum dazu querliegend Parteifronten: Ost- und West-CDU gemeinsam für

Aufklärung und strenge Maßstäbe im Fall Stolpe und für Rehabilitation de Maizières. Die SPD in Ost und West sieht die Dinge eher umgekehrt.

So wird die Suche nach Wahrheit und Gerechtigkeit unterderhand, ob man will oder nicht, von eigenen und fremden Interessen heimgesucht – und durch den Hinweis auf diese Interessen in Mißkredit gebracht! In Dienst gestellte Moral kommt in den Geruch des Inauthentischen, und so ergeht es auch den Versuchen, die in eigenen, erschütternden Erfahrungen gewonnenen moralischen Einsichten für kommende Generationen festzuschreiben.

Wer allerdings, wie der konservative Publizist Armin Mohler, nach einer ebenso glänzenden wie polemischen Analyse der in die deutsche Vergangenheitsbewältigung einfließenden Interessen «Schluß der Debatte» verlangt (bereits 1968), verkennt, daß deren Sinn sich weder in den moralischen Absichten der Beteiligten noch in berufenen oder unberufenen Interessen erschöpft.

Er liegt vielmehr darin, im Streit «Regeln des Richtigen» zu bestätigen oder zu modifizieren und ihre Reichweite neu zu bestimmen, also kollektive Identität zu stiften. Die identitätsstiftende, vergesellschaftende, integrierende Kraft des Konflikts zeigt sich in allen Phasen der deutschen Vergangenheitsbewältigung.

Wie unvollkommen immer die Scheidung der Deutschen in Schuldige und Unschuldige in den Kriegsverbrecherprozessen und Spruchkammerverfahren ausfallen mußte, eine Entschuldung – die in der Sowjetischen Besatzungszone und der späteren DDR pauschal ausgesprochen wurde – war die Voraussetzung dafür, die Deutschen in neue Wertgemeinschaften und politische Blöcke in West und Ost aufzunehmen. Die liberal-demokratischen und rechtsstaatlichen Normen einerseits und die des demokratischen Zentralismus und eines neuen sozialistischen Menschen andererseits blieben in der Eile, in der sie diktiert wurden, zunächst vordergründige Errungenschaften. Die Deutschen wurden zwar ökonomisch und politisch in die neuen, antagonistischen Blockwelten eingegliedert, ihre normative Integration aber stand allenfalls auf dem Papier. Da blieb sie auch, wie wir erst jetzt in voller Klarheit sehen können, was den Ostblock angeht. Alle Anstrengungen, das Regelsystem einer sozialistischen Moral durch die Pädagogisierung der ganzen Gesellschaft kollektiv zu verankern, waren zum Scheitern verurteilt. Auch im Westen gab es Reeducation. Aber was wäre von ihr haftengeblieben, wäre sie nicht vom wirtschaftlichen Erfolg begleitet gewesen und später im Konflikt, also unpädagogisch, angeeignet worden? Dies war die tatsächliche, wenn auch von den Beteiligten nicht beabsichtigte Funktion der 68er-Bewegung: Im Streit schufen sich die Generationen eine gemeinsame Vergangenheit, die politischen Eliten und ihre Kritiker gemeinsame, auch unkonventionelle Regeln der Herrschaftskontrolle, die westdeutsche und die amerikanische Gesellschaft, vertreten durch ihre aufbegehrenden Jugendlichen, gemeinsame Vorstellungen darüber, wofür zu kämpfen sich (nicht) lohnt... Es sind vier Mechanismen, durch die der Streit die Streitenden verbindet: die gemeinsame Aufmerksamkeit auf die umstrittene Sache; das Sich-Durchdringen der gegnerischen Standpunkte, auch wenn sie äußerlich als kontroverse aufrechterhalten werden; das Erspüren von Übereinstimmungen auch in gegensätzlichen Positionen; die Ausformung und Befolgung von Regeln des Streitens, mit dem Ergebnis einer «Streitkultur».

Wie in der Protestbewegung der sechziger Jahre, so wird in jeder Bewältigungswelle ein Bestand von – teils konsensuellen, teils divergenten – Vorstellungen zur kollektiven Vergangenheit erstritten. Dann herrscht eine Weile Ruhe; nicht nur die Streitenden werden müde, der Streit selbst erschöpft sich, will sagen: die in ihm erarbeiteten kollektiven Vorstellungen «passen» hinlänglich in ein größeres Ensemble, in das Gesamtbild, das eine Gesellschaft von sich hat – vorläufig.

Je schneller sich aber Gesellschaft bewegt, ausdehnt, verzahnt, ökonomisch, wissenschaftlich, politisch wandelt, desto schneller ändert sich dieses Gesamtbild; und jeder Teilaspekt, so auch das moralische Selbstbewußtsein, gerät unter Anpassungsdruck. Die aus der 68er-Vergangenheitsbewältigung hervorgegangene – und zumindest offiziell – vorherrschende Vorstellung eines in seinem Schuldbewußtsein einzigartigen Volkes ließ sich fünfzehn Jahre später so an die folgende Generation nicht mehr vermitteln. Zwar erschütterte der Holocaust als Fernsehserie gerade auch die Jungen, für die diese Vergangenheit neu war, aber ihre Interpretation ließen sie sich von den 68ern, die sich noch immer im Besitz der damals gewonnenen moralischen Lufthoheit wähnten, nicht nehmen. Peter Sichrovsky läßt uns Vergangenheitsbewältigung in den Klassenzimmern der achtziger Jahre aus der Sicht von Beteiligten miterleben («Schuldig geboren. Kinder aus Nazifamilien», Köln 1985):

Ja, ich weiß, es war eine schlimme Zeit. Der Krieg, nichts zum Fressen, die Bomben, die Juden. Wir hatten da einen Geschichtslehrer. Lange Haare, Bart, Norwegerpullover. Was hat der uns nicht alles vorgelabert. Stundenlang über die Juden, die Kommunisten, die Zigeuner, die Russen, alles Opfer, nichts als Opfer. Der tat immer so, als ob er verfolgt worden wäre. Als ob heute noch die Nazis hinter ihm her wären. Aber was war er denn? Weder Jude noch Zigeuner, noch Russe. Höchstens Kommunist vielleicht. Ich hab ihm das alles nie abgenommen. Wer weiß, ob das alles so schlimm war.
Einer aus der Klasse hat ihn mal gefragt: «Wo war denn das Tolle damals? Warum haben denn so viele Hurra und Heil gebrüllt? Warum waren die alle so begeistert? Da muß es doch noch etwas anderes gegeben haben?» Da schaute er blöde, fing an, den Schüler als Neonazi zu beschimpfen, ob er denn keine Achtung vor den Opfern hätte. Aber wir anderen ließen nicht los. Endlich hat das einer mal ausgesprochen. Wir wollten wissen, was damals wirklich los war.
Da hatte sich richtig was aufgestaut. Immer nur Verbrechen und Schandtaten, und immer waren's wir, die Deutschen. Die ganze Klasse schrie durcheinander. Das sei alles Schwachsinn, was er uns hier erzähle, rief einer. Wir hätten es doch in den Filmen gesehen, die er uns gezeigt hat. Die lachenden Kinder, die leuchtenden Augen der Frauen, Hunderttausende in den Straßen, und alle haben sie gejubelt. Woher kam denn diese Begeisterung?
«Sie lügen uns was vor, Herr Lehrer», sagte ich ihm ins Gesicht. Der guckte erst mal blöd aus der Wäsche, aber dann ging's erst richtig los. Der hat vielleicht losgebrüllt. Weg war der linke Softie von 68. Das war Wahnsinn, was sich dann getan hat. Der ging plötzlich los auf mich und hat nur noch getobt. Von mir hätte er nichts anderes erwartet, wenn eine so einen Großvater hätte, der als Verbrecher, nein, Kriegsverbrecher hat er gesagt, ich weiß es noch genau, also als Kriegsverbrecher hingerichtet worden sei. Ich sagte gar nichts. Aber hinter mir saß die Gudrun, meine Freundin. Die schrie plötzlich, er solle froh sein, daß mein Großvater nicht mehr lebe, sonst... weiter kam sie nicht. Da war dann so ein Wirbel, daß man niemanden mehr verstehen konnte.
Der Lehrer hat dann ohnehin durchgedreht. Der Feigling hat sich an den Direktor gewandt. Der linke Held, immer vom Widerstand gegen die Mächtigen reden und dann zum Direktor gehen. Ich kann

dir sagen, der war verlogen, der Typ. Der Direktor kam in die Klasse und hielt eine lange Rede. Schuld und Scham liege auf uns, hat er gesagt. Auf ihm vielleicht, aber nicht auf mir. Mir brauchen die kein schlechtes Gewissen einzureden.

Der Krach scheint unversöhnliche Fronten aufgedeckt, ja verfestigt zu haben. Womöglich überfordert, ja hemmt er die Lernfähigkeit der beteiligten Personen, die sich nicht mehr aufeinander zubewegen können. Aber gerade über *individuelles* Scheitern entfaltet sich *kollektives* Lernen: Die anderen, die zugehört, gelesen, ähnliches in ihrem Umkreis erlebt haben, vollziehen, oft ohne es zu wollen und sich bewußtzumachen, die Vermittlung zwischen den hochmoralisierten Kollektivvorstellungen der 68er und dem reaktiven Individualismus der nachwachsenden Generation. Irgendwo dazwischen findet die sich wandelnde kollektive Identität einen – wiederum vorläufigen – Ruhepunkt. So vollzieht sich soziale Integration: zwischen Generationen, aber zugleich auch zwischen den in Europa zusammenwachsenden Gesellschaften, für die ein dauerhaft zerknirschtes Deutschland genau so unerträglich wäre wie ein auftrumpfendes.

Auch im Historikerstreit ist letztlich das Trennende sozial weniger bedeutsam als die zutage geförderten Gemeinsamkeiten: Übereinstimmungen in der Verurteilung der Naziverbrechen, in der Verantwortlichkeit für das moralische Bild Deutschlands, in der Orientierung an westlichen Werten, in der Ablehnung extremistischer Positionen, in der Weiterentwicklung der Regeln des Diskurses. Soweit er von dem pädagogischen Impetus beseelt war, Schuld im kollektiven Gedächtnis zu bewahren oder daraus zu tilgen, war er allerdings ein Streit um des Kaisers Bart. Die kollektive Erinnerung ist ein langer ruhiger Fluß, leider mit Hindernissen, der sich der Abenddämmerung ebenso widersetzt wie dem Versuch, ihn vorsichtig unter die Erde zu leiten. Kollektives Lernen folgt einem eigenen Rhythmus. Versuche, es in bester pädagogischer Intention aufzuhalten oder zu beschleunigen, enden oft kontraproduktiv. Aus Dresden wird von Zornesausbrüchen der Schüler gegen einen Lehrer berichtet, der mit dem westdeutschen Leitbild der multikulturellen Gesellschaft und der Ausländerfreundlichkeit dafür warb, Wohnheimplätze für Asylsuchende zur Verfügung zu stellen. Der Streit glich dem oben berichteten über die Nazivergangenheit, in seinem Grundmuster, aufs Haar.

Was unterscheidet die augenblickliche Vergangenheitsbewältigung in der DDR von den vorangegangenen Bewältigungen der Nazi-Vergangenheit? Die Unrechtstaten im DDR-Staat, die aufgedeckt werden, sind bei weitem nicht so schlimm wie die Naziverbrechen. Auch hat sich, über die Zeitspanne von 40 Jahren hinweg, ein viel kleinerer Teil der Bevölkerung mit dem DDR-Regime identifiziert als zuvor mit dem Nazistaat. Außerdem: die sozialistische Herrschaft war, anders als die nationalsozialistische, von außen oktroyiert; keinem Bürger der DDR kann vorwurfsvoll die Frage gestellt werden, warum er die Volksdemokratie nicht im Keim verhindert hat. Schließlich: es gab mutige Volksaufstände, bald nach der Gründung der DDR, und wieder zu ihrem Ende. Welche schuldhafte Vergangenheit also soll hier zu bewältigen sein? Und in welcher Verbindung zur Nazi-Vergangenheit?

Der wunde Punkt in der DDR-Vergangenheit: das ist die unkeusche Nähe, die Intimität, die sich im Verhältnis Bürger–Staat eingespielt hatte. Anders als im Führer-Staat der Nazis war diese Nähe keine emphatisch gesuchte, sondern eine oft widerwillig eingegangene, ein notgedrungenes Arrangement, aber eben doch: ein Fehler, ja, eine moralische Verfehlung; und dies nicht erst nach Tische, wo man die Dinge bekanntlich anders liest, sondern schon vorher. Warum sonst die Geheimhaltung, die die Beziehung nicht weniger Bürger zum Staat zu einer Komplizenschaft machte?

Kein anderer moderner, kein anderer deutscher Staat, auch nicht das Nazi-Reich, hat Staatskomplizenschaft in so großem Stil aufgezogen und aktenkundig perfektioniert. Und so ist es heute nicht nur die Frage nach persönlicher Schuld oder Reinwaschung, die danach verlangt, das Komplizennetz des Staates aufzudecken. Die Entdeckung einer so ausgefeilten geheimen Kontrollorganisation ist ein Faszinosum sui generis. Die Faszination ließe sich leicht in Schach halten, würde sie nicht noch aus zwei anderen Quellen gespeist: aus der unbestimmten Ahnung, daß ein Spitzelsystem minderen Ausmaßes auch zur Normalität der Bundesrepublik gehört; und aus der Vermutung, daß falsche Nähe zum Staat, Obrigkeitshörigkeit, Identifikation mit der Macht, überspannte Erwartungen an staatliche Problemlösungen auch für frühere kollektive Verfehlungen verantwortlich sind. Hier liegen die Wurzeln eines besonderen deutschen Traumas, das sich wie ein roter Faden durch die aufeinanderfolgenden Vergangenheitsbewältigungen zieht. Die westliche Bundesrepublik scheint dieses Trauma in offen ausgetragenen

Konflikten weitgehend überwunden zu haben – aber kann man wissen? Die ehemalige DDR dagegen mit ihren unterdrückten Konflikten hat Nachholbedarf – und zeigt sich auch in den Routinen des Lernens durch Streiten, in der sogenannten Konfliktkultur, noch wenig bewandert.

So kommt es zu der unguten Situation, daß die jüngste Vergangenheitsbewältigung der DDR von Ost und West zwar gemeinsam betrieben wird – aber doch von ungleichen Voraussetzungen aus, und somit unweigerlich unter spürbarer westlicher Dominanz. Der kluge Rat, der Westen möge sich raushalten, hat einen Haken: denn der gemeinsame Lernprozeß soll ja zusammenbringen, was lange getrennt war, und die Regeln des Richtigen, die zu lernen sind, sollen für alle gelten.

Es sind nicht nur die Voraussetzungen, sondern auch die Belastungen und Notwendigkeiten kollektiven Lernens, die in West und Ost ungleich sind. Der Osten ist gescheitert, der Westen nicht. Der Osten will und muß sich ändern, der Westen nicht. Die Selbstaufforderung «Wir müssen doch auch...» ist zunächst eine Beschwichtigungsformel, für die Politik unabkömmlich, die Einsicht in den tatsächlichen Stand des Problems aber verhüllend. Angesichts der ungleichen Ausgangsbedingungen muß man fragen, ob die Rede vom gemeinsamen Lernen nicht überhaupt ein Euphemismus ist. Auch wenn es um ein und dieselbe Sache geht: der Osten lernt existentiell, der Westen intellektuell «über» den Osten, mit einer gewissen Bemühtheit, in dem, was drüben falsch gelaufen ist, eigene Probleme zu erkennen.

*

In dem Versuch, die Folgen seines Hauptfehlers, der Politisierung aller Lebensbereiche, abzuschwächen und zu bemänteln, machte der DDR-Staat seinen zweiten Kardinalfehler: Er schuf sich seine staatseigene Unterwelt, eine «zweite», inoffizielle, geheime Gesellschaft. Diese Welt war im doppelten Sinn eine falsche: sie erwies sich als nicht lebensfähig, und sie machte Falschheit, Verheimlichung und Lüge zum staatstragenden Prinzip. Drei Arten von staatlich initiierten Geheimnissen lassen sich heute unterscheiden – immer begleitet von der Frage: Wieweit zeugen sie von einer besonderen Unmoral der DDR, oder wieweit weisen sie zurück auf die ganz normale Unmoral auch der demokratischen Gesellschaften?

Verhandlungsgeheimnisse, wie sie den ehemaligen Konsistorialpräsidenten Stolpe mit den DDR-Regierungsoberen verbanden, hatten zwar in der DDR, weil es oft um menschliche Einzelschicksale ging, ein besonderes Flair. Aber auch hochangesehene westliche Politiker feilschten ja im geheimen, von Amts wegen und privat, mit der DDR: Geld gegen Menschenrechte. Und wenn es um die Interessen der Kirchen und anderer großer Organisationen geht, versteht es sich von selbst, daß ihre Lobbyisten mit Politikern und Staatsbeamten auch in westlichen Demokratien Verhandlungsgeheimnisse teilen. Mögen wir dies auch ungern sehen – oder ahnen –, es gehört zum politischen Geschäft, dient oft dem Schutz von noch nicht gereiften Vereinbarungen und ist nicht eigentlich skandalträchtig.

Eine Grenze wird allerdings überschritten, wenn der Staat seine Verhandlungspartner, oft auch Ärzte, Richter, Journalisten, Wissenschaftler, Beamte zu Mitwissern von ansonsten geheimgehaltenen Verstößen gegen seine eigenen Gesetze und ein allgemeines Rechtsgefühl macht: Doping, Manipulation von Rechtsprechung und Wahlen, illegale Abhöranlagen gehören in diese Rubrik der **Unrechtsgeheimnisse**. Auch der demokratische Rechtsstaat ist immer wieder in Versuchung, seine Parteifunktionäre, Juristen, Wissenschaftler in Verschwiegenheitszonen der Spenden- und Steuerbereicherung und des wissenschaftlichen Experimentierens zu locken und hat einen fortdauernden Bedarf, solche Regeln der Offenlegung zu lernen, die der Korrumpierbarkeit seiner Eliten gegensteuern.

Schottete sich der DDR-Staat mit Verhandlungs- und Unrechtsgeheimnissen, zu denen er nur einen möglichst kleinen Kreis von Mitwissern aus den Professionseliten beizog, gegen den Mann auf der Straße ab, so zog er ihn durch eine dritte Art von Geheimbündelei, die *Staatskomplizngeheimnisse* des Staatssicherheitsdienstes, an sich heran. Was die Zahl und Behandlung der «Inoffiziellen Mitarbeiter» angeht, brachte er es wohl zu einer Meisterschaft, die auch in anderen sozialistischen Regimes und im Nationalsozialismus ihresgleichen sucht. Lassen sich nun, aus dem detaillierten Aufdecken dieses kunstvollen Netzes von Staatskomplizengeheimnissen, Regeln des Richtigen lernen, die auch für demokratische Gesellschaften relevant sind? Sind letztere nicht, durch ihre Rechtsstaatlichkeit, ohnehin vor derartigen Auswucherungen zur Geheimstaatlichkeit gefeit? Ist das Problem für uns nicht Schnee von gestern?

Mitnichten. Alle modernen Rechtsstaaten, in denen es erbitterte

Gegner des Staates und Kapitalkriminalität gibt, setzen Spitzel des Verfassungsschutzes und der Kriminalpolizei ein, initiieren also Komplizengeheimnisse. Der Unterschied zwischen der Bundesrepublik und der ehemaligen DDR ist «nur» ein quantitativer, gradueller. Gerade bei den Staatskomplizengeheimnissen schlägt aber Quantität schnell in Qualität um und verwandelt den Staat in seinem Kern: Je mehr Leute für die staatlichen Geheimbünde des Auskundschaftens gefunden werden sollen, desto mehr müssen sie durch Druck, Drohung, Erpressung rekrutiert und gehalten werden; so verwandeln sich die durchaus auch freiwillig eingegangenen Staatskomplizengeheimnisse durch pure Vermehrung anteilsmäßig immer mehr in einseitig erzwungene. Je mehr Geheimkomplizen sich der Staat heranzieht, desto mehr kann er auf ihre «Loyalität durch doppelte Angst» – nicht nur vor der Staatsgewalt, sondern auch vor dem Entdecktwerden – bauen. Solange das System «steht», ersetzt diese erzwungene Loyalität im geheimen zum Teil die fehlende freiwillige Loyalität. Legitimitätsbeschaffung durch Komplicenschaft wird wichtiger als Legitimität durch Wahlen.

Jeder in der DDR wußte vom System der Staatskomplizznschaft. Aber niemand wußte, wer alles dazu gehörte, wie groß es war. Wenige Bürger in der Bundesrepublik dagegen wissen, daß Staatskomplizen auch hier, unter uns sind. Aber im Gegensatz zur DDR würden die meisten, so vermute ich, dies gutheißen – vorausgesetzt, daß geheime Spitzeltätigkeit auf ganz wenige Felder der Verbrechensbekämpfung, etwa Terrorismus und Drogenhandel, beschränkt bleibt. Ob und in welchem Maße der nicht geheime Geheimdienst seine geheimen Kreise auch in die Milieus politisch extremer Opposition ziehen soll, gehört zu den Regeln des Richtigen, die sicher noch weitgehend klärungsbedürftig und kontrovers sind. Eine allgemeine Regel «Nie wieder Staatskomplizenschaft!», so plausibel sie nach den Erfahrungen der DDR erscheint, gilt wohl nicht gegenüber dem legitimen Staat, der das Vertrauen genießt, Spitzeldienste nur in seltenen Fällen und parlamentarisch kontrolliert in Anspruch zu nehmen. Könnte man aus den Erfahrungen der DDR nicht auch die Norm ableiten, daß die Innenminister von Jahr zu Jahr offenlegen müssen, in welchen Problemfeldern und in wie vielen Fällen es Staatskomplizenschaft gibt? Die Enthüllung der Existenz von Geheimnissen bedeutet nicht die Enthüllung der Geheimnisse selbst. Und wieviel und welche Staatskomplizengeheimnisse eine

Gesellschaft braucht, ist selber eine normative Frage, die noch gar nicht richtig gestellt, geschweige denn beantwortet ist...

Eine Regel des Richtigen haben wir aus der Offenlegung der Weitgespanntheit des DDR-Spitzelnetzes wie beiläufig gelernt: «Widersetze dich, jetzt und für alle Zeiten, jedem Versuch, dich zum Staatskomplizen machen zu lassen!» (Es sei denn, du würdest dich selbst ohnehin, in einer Ausnahmesituation, aus freien Stücken und jederzeit vertretbaren ethischen Gründen dazu machen.) Die Regel ist keinesfalls so selbstverständlich, wie sie uns heute erscheinen mag. Denn entweder hat sie dem größten Teil derjenigen in der DDR, mit denen der Versuch gemacht wurde, nicht zu Gebote gestanden; oder es gab entgegenstehende Regeln und Umstände, die stärker waren; oder es fehlte am Know-how und Training des Sich-Widersetzens, sozusagen an den Ausführungsbestimmungen, mit deren Hilfe eine allgemein akzeptierte Regel in Situationen der Bedrängnis gleichsam automatisch in Kraft gesetzt wird, so wie ein Pilot beim Aufleuchten eines Warnlichts ohne nachdenken zu müssen (und zu dürfen!) einen Hebel zieht. Die Regeln und das Lernprogramm, die drüben fehlten, fehlten (und fehlen) aber genausogut hüben. Glücklicherweise wurden wir nicht auf die Probe gestellt. Um so wichtiger jetzt der Versuch, aus den bitteren Erfahrungen in der DDR mitzulernen.

Welche Ausführungsregeln des Widersetzens also lernen wir, aus den vielen Einzelfällen, die jetzt nach und nach publik werden? Erstens: Man kann das Ansinnen, Staatskomplize zu werden, einfach ausschlagen. In der Spätzeit der DDR fiel dies offenbar leichter als in den frühen Jahren, weil man im Lauf der Zeit die DDR-Diktatur zwar als autoritär und repressiv, aber doch nicht als rücksichtslos brutal im Stile des Nationalsozialismus kennengelernt hatte. Indessen konnten die Repressalien und Unrechtmäßigkeiten des Staates, wie der Physiker Günter Fritzsch an seinem Fall in der FAZ vom 3. März 1992 geschildert hat, für den einzelnen verheerend sein, wenn er schon im Geruch der Staatsfeindschaft stand, sich einem Anwerbeversuch der Staatssicherheit widersetzte und nicht den Schutz eines kirchlichen Amtes oder relativer Prominenz genoß. Die Regel «Sag einfach nein!» ist also an «günstige Bedingungen» geknüpft (die in der DDR für die meisten Kirchenmänner gegeben waren). Sie unter allen Umständen einhalten zu wollen, kann ein Maß an Opferbereitschaft erfordern, das ethisch nicht mehr eingefordert werden kann. Ohne Ausweichregeln geht es nicht ab.

Als Ersatzregel ist zweitens denkbar: «Akzeptiere das Ansinnen, dem Staatssicherheitsdienst Bericht zu erstatten, aber erkläre, daß du über die Berichterstattung – eventuell auch: über den Inhalt des Berichts – der Öffentlichkeit Bericht erstattest!» Auf deutsch: Laß dir von niemand den Mund verbieten! Nach dieser Regel haben sich, wie wir hören, zumindest einige Pfarrer in der DDR verhalten. Ob sie für jedermann anwendbar war, ist zu bezweifeln. Zwar enthält sie, argumentativ, einen guten ethischen Kompromiß: sich dem Staat nicht zu verweigern und sich doch nicht zu seinem Komplizen zu machen. Sie ist zugleich eine Kampfansage für eine allgemeinere Regel: Im Verhältnis Bürger–Staat soll das Prinzip der Öffentlichkeit und nicht eine falsche Intimität mit denunziatorischem Inhalt gelten! Aber im konkreten Falle wendet sie sich doch gegen den Staat, der seine Grenzen überschreitet, und erfordert deshalb Mut – um so mehr Mut, je vereinzelter sich der Angesprochene fühlen mußte. Und Vereinzelung der Beziehungen zwischen Bürger und Staat, das Verbot frei gebildeter intermediärer Vereinigungen, war ja ein Hauptherrschaftsprinzip des DDR-Staats.

Eine dritte, weniger weitgehende Möglichkeit lautet: «Erkläre, daß du bereit bist, der Staatssicherheit über Personen zu berichten, aber dieselben Berichte auch an die betroffenen Personen selbst lieferst!» So wird der Staat nicht öffentlich bloßgestellt, aber doch vor denen, die er bespitzeln will. Dem angesonnenen Staatskomplizengeheimnis wird die Vorrangigkeit – oder zumindest Gleichwertigkeit – des Vertrauensgeheimnisses im privaten Kreis entgegengestellt. Durch die – angekündigte – Verzahnung von zwei Geheimniskreisen, die somit füreinander nicht mehr geheim wären, würden beide gebrochen, aber ohne daß der Geheimnisbruch selbst geheim bliebe. Der Geheimnisbrecher zöge sich moralisch unbeschadet aus der Bredouille. Sein privater Kreis könnte sich auf den zu erwartenden Schaden einstellen. Der ertappte Staat müßte zudem damit rechnen, daß die Aufdeckung seines Konspirationsversuchs im kleinen Kreis auch größere Kreise zieht. Die Anwendung dieser Regel hat deshalb, soviel wir wissen, die schmierigen Annäherungsversuche der Staatssicherheit vereitelt.

Schließlich bleibt immer noch eines: «Weihe den Bespitzelten insgeheim ein!» Das von der Staatssicherheit aufgenötigte Komplizengeheimnis wird so durch ein Privatgeheimnis unschädlich gemacht, welches ein ursprüngliches Vertrauensverhältnis zwischen Informant und

Bespitzeltem noch erhöht und mit einer besonderen Qualität versieht. Dabei gibt es Steigerungsformen der Innigkeit, je nachdem, wieviel von dem gebrochenen Staatskomplizengeheimnis in das private Gegengeheimnis einfließt: teilt der Informant dem zu Bespitzelnden nur mit, *daß* er über ihn berichtet, oder auch *was* er berichtet, fertigt man die Berichte vielleicht sogar gemeinsam an, und erfährt das Objekt der staatlichen Neugier darüber hinaus vielleicht mehr oder Wichtigeres über die Arbeitsweise des Staatssicherheitsdienstes als letzterer über es? Sei dem wie auch immer: der offiziell als «Inoffizieller Mitarbeiter» geführte Informant hat sich dem Ansinnen der Staatskomplizenschaft zwar nicht äußerlich widersetzt, aber im Innern und de facto. Politischen Widerstand hat er damit nicht unbedingt geleistet. In jedem Fall hat er aber, wenn auch bloß im geheimen, so doch nicht ganz ohne Risiko, an einem kollektiv geteilten hochbedeutsamen Wert festgehalten: der Unverbrüchlichkeit privater Vertrauenskreise. Diesem Wert, der allen hier durchgespielten Regeln des Richtigen unterliegt, hat er gegenüber den Zumutungen des Staates den Vorrang gegeben. Ist die Lektion so selbstverständlich, daß wir sie nicht mehr zu lernen bräuchten? Spräche ich als Italiener oder Amerikaner, könnte ich leicht ja sagen. In Deutschland nicht. Zu tief, historisch gesprochen, sitzt der Staat, der seine Grenzen nicht kennt, noch in uns, als daß wir darauf verzichten könnten, von denen zu lernen, die ihn in seine Schranken weisen.

Regeln richtigen Handelns gegenüber einem anmaßenden und ausgreifenden Staat ließen sich schwerlich herauspräparieren, gäbe es dazu nicht die anschaulichen Personen, die nach unserem Gefühl richtig gehandelt haben, und die, deren frühere und heutige Haltung uns empört. Darüber den Mantel des Vergessens und Verzeihens zu breiten, mag menschlich edel sein. Aber wie sollen wir alle, «die Gesellschaft», dann die Regeln des Richtigen lernen, deren weite Verbreitung und tiefe Verankerung Voraussetzung dafür ist, daß der einzelne sich in zukünftigen Situationen der Bedrängnis moralisch nicht so ungestützt und allein gelassen fühlt, wie er es in der wegen ihrer menschlichen Nähe noch immer gelobten DDR wohl doch war? Man kann sich wissenschaftliche und Ethikkommissionen vorstellen, mit den besten, über alle Parteinahmen erhabenen Historikern, Juristen, Theologen, Pädagogen bestückt, die die Vergangenheit streng nach Aktenlage und diskreter

Anhörung der nicht bloßzustellenden Akteure «bewältigen», daraufhin Regeln des Richtigen entwerfen und dafür sorgen, daß sie über die Schul- und Gesetzesbücher, die Universitäten, die Medien unters Volk kommen.

Ja, das könnte schön sein. Aber was die Kinder in den Schulen lernen, müssen Gesellschaften schon vorher und anders gelernt haben. Gesellschaften lernen ihre Regeln des Richtigen nicht aus Büchern und nicht im Seminar. Normen und Werte sind ein spröder Lehrstoff. Damit er in die Köpfe der vielen geht – und nicht nur in die Köpfe, sondern auch die Herzen –, muß er von den vielen selbst erfahren werden, in großen kollektiven Ereignissen des Sich-Bewährens und des Irrens, des Siegens und Scheiterns. Wo diese nicht hinreichen und nicht alle zugleich ergreifen können, sucht sich das Kollektiv seine Galionsfiguren stellvertretenden Lernens, die, als Helden und Schurken, das Richtige und das Falsche vorstellen. Nur über das Miterleben von persönlichem Verdienst und persönlicher Schuld, von Erfolg und Scheitern prägen sich auch die Regeln ein, deren Befolgung, Nichtbeachtung oder tragische Widersprüchlichkeit dahin geführt haben. Irren und Schuldigwerden sind bei alldem die wirksameren Lehrer als der Erfolg; denn der Irrtum lehrt nicht nur, was im besonderen Fall falsch war und korrigiert werden soll, er lehrt auch Fehlbarkeit und Korrektur schlechthin, also das Lernen im allgemeinen.

Wie sonst als in der öffentlichen Enthüllung von individuellem Fehlverhalten, in der gemeinsamen Entrüstung darüber, in der beispielhaften Bestrafung einzelner Sünder anstelle von allen, sollen verletzte Regeln des Richtigen gerächt und wieder in ihr Recht eingesetzt, oder neue Regeln eingefordert werden? Die verhaltens- oder psychotherapeutisch inspirierten Modelle eines stillschweigenden Lernens oder eines Lernens im kleinen Kreis übersehen, daß die kollektiv geltenden Regeln massenhaft gelernt werden müssen, wenn sie ihre Funktion erfüllen sollen, den einzelnen in Situationen der Bedrängnis, zum Beispiel durch den Staat, zu entlasten. Das pädagogische Idealbild des Lernens im rationalen Diskurs, durch Belohnungen statt durch strafwürdiges Irren, verkennt, daß die zu erlernenden Grundregeln des Richtigen nur durch hochemotionale Prozesse verankert oder aus ihren Verankerungen gerissen werden können. Nein, zu der Skandalförmigkeit kollektiven Lernens über öffentliche Enthüllung und Ächtung gibt es keine Alternative.

Aber trifft es dabei nicht oft die Falschen, während die wahren Schuldigen ihr Mäntelchen rechtzeitig in den Wind gehängt haben? So ist es. Jedoch der Einwand geht am Verständnis kollektiven Lernens vorbei. Schuld und Sühne von einzelnen Menschen sind bloß Vehikel zur Erregung von Aufmerksamkeit und Leidenschaften, nicht Gegenstand kollektiven Lernens. Worauf es diesem ankommt, ist die Bestärkung oder Veränderung von Regeln des Richtigen. Jeder, der sich in seinen Dienst stellt, ist willkommen, auch die Mitläufer und Wendehälse. Es mag empörend erscheinen, daß sie, die im Innersten womöglich nichts gelernt haben, nun als Virtuosen des Regelwissens ihre Spürnasen im alten wie im neuen System vorn haben. Trotzdem: indem sie den neuen Regeln, sei es auch opportunistisch, ihre Referenz erweisen, werden diese doch auf die Dauer gestärkt.

Wer in kollektiven Lernprozessen vorwiegend Gerechtigkeit sucht, wird enttäuscht werden. Zwar gehören zu den Regeln des Richtigen auch die der Gerechtigkeit. Aber sie haben es schwer, sich durchzusetzen, wenn zugleich ein umfassenderes System von Funktionsregeln zu lernen ist. Eine gerechte Belohnung für früheren Widerstand gegen das alte System steht ohnehin in den Sternen. So muß sich, im kollektiven Lernprozeß, das Gerechtigkeitsgefühl mit einigen stellvertretenden Akten der Gerechtigkeit zufriedengeben. Auch erfolgreiche Vergangenheitsbewältigung, die – wir wollen es hoffen – das Bessere hervorbringt, schleppt ihre eigenen Enttäuschungen mit sich.

Claus Leggewie/Horst Meier
Zum Auftakt ein Schlußstrich?
Das Bewältigungswerk «Vergangenheit Ost»
und der Rechtsstaat

> «Das Ganze ist ein Trauerspiel... Die einzig denkbare Alternative... wäre eine Revolution gewesen – der Ausbruch einer spontanen Wut des deutschen Volkes gegen all diejenigen, die als prominente Vertreter des... Regimes bekannt waren. So unkontrolliert und blutig eine solche Erhebung auch gewesen wäre, sie hätte sicherlich gerechtere Maßstäbe angesetzt, als das in einem papiernen Verfahren geschieht.» (Hannah Arendt) [1]

Dieses Mal haben die Deutschen alles selbst in der Hand: Kein alliierter Militärgouverneur weit und breit, dem die heikle Angelegenheit überantwortet werden könnte. Sie allein müssen entscheiden, ob und nach welchen Kriterien mit den Funktionsträgern der SED-Diktatur abgerechnet werden soll; an ihnen liegt es, ob dieses Unternehmen gelingen wird oder sich in seinen Widersprüchen festfährt und schmählich scheitert. Die Deutschen – West wie Ost, von demokratischer oder stalinistischer Besatzungsmacht mehr oder weniger wohlwollend, mehr oder weniger rabiat bevormundet und damit zugleich entlastet – wurden nach 1945 alles andere als erfahrene Kenner des «reinigenden» Gewitters der politischen Abrechnung.

Vielleicht tradiert sich hier eine politische Schwäche, die sich – als blinder Fleck – auch bei den Bürgerrechtlern der ehemaligen DDR ausmachen läßt. Nicht ohne Grund hat Wolf Biermann gegen deren allzu schnelle Bereitschaft zum Vergeben und Verzeihen polemisiert.[2] Das Gelingen einer (überdies friedlichen) Revolution in Deutschland kann gar nicht hoch genug geschätzt werden – und doch ist mit dem Gestus des Dialogs allein keine politische Abrechnung zu bewerkstelligen. Was in jener historischen Stunde, da die Zeit stillstand und die Staatspartei gelähmt war, als unmittelbares Recht der Straße von niemandem gewollt war: die ungezügelte Abrechnung mit den (wirklichen oder vermeintlichen) Handlangern des SED-Regimes – dieses durchaus gewollte «Versäumnis» kann heute nicht von den langsam, doch keineswegs ebenso gerecht mahlenden Mühlen des Rechtsstaats nachgeholt werden.

Wie insbesondere die bekannten Fehler der amerikanischen Besatzungsbehörden zeigten, kann man ein ganzes Volk, und sei es eines von Mitläufern, nicht in aller Breite «säubern». Schon gar nicht, wenn dieser Prozeß als selbsttätige, aus der Mitte der Gesellschaft erwachsende Aufgabe begriffen wird. Die Abrechnung muß daher auf einige wichtige Personen und Gruppen, auf bestimmte, besonders schändliche Handlungen beschränkt werden. Doch auf welche Personen und welche Taten? Wenn die Unterscheidung zwischen bloßen Mitläufern und Hauptverantwortlichen unerläßlich ist: Welche *Kriterien* sollen einer solchen «punktuellen» Abrechnung zugrunde gelegt werden? Muß individuelle Verantwortlichkeit und Schuld nachgewiesen werden oder genügt die formale Mitgliedschaft in einer bestimmten Organisation oder Behörde? Wann ist es sinnvoll, jemanden von öffentlichen Ämtern auszuschließen oder ihm das Wahlrecht abzuerkennen (auch das war Teil der alliierten Entnazifizierung), wo hat der Staatsanwalt das Wort? Jedes einzelne dieser Probleme wirft das postrevolutionäre Deutschland auf sich selbst zurück.[3]

Der «Berliner Republik» steht eine «Vergangenheitsbewältigung» ins Haus, in der sich NSDAP- und SED-Regierungskriminalität mit deren Aufarbeitung und Verdrängung ost- und westdeutscher Ausprägung auf schwer entwirrbare Weise kreuzen. Bei alldem sollten jene, die heute als Vertreter des «freien Teils» Deutschlands an der Abrechnung in Sachen SED mitwirken, eines nicht vergessen: Sie wurden in die westliche Tradition der *Reeducation*, nicht in die einer sowjetisch dominierten *antifaschistisch-demokratischen Umwälzung* gestellt. Die Westdeutschen hatten nach 1945 das unverdiente Glück, daß sie von ihren Besatzungsmächten das «Richtige» eingebleut bekamen. Sie haben ihre (später freilich zunehmend selbstverantwortete) Demokratie ebensowenig erkämpft wie die Ostdeutschen «ihren» Sozialismus. Aus dieser notwendigen Reserve folgt nicht die bequeme westdeutsche Ausflucht, die sich als einfühlende Rücksichtnahme tarnt: den Stasi-Schlamassel sollten die Ostdeutschen am besten allein bewältigen. Dagegen gilt unerbittlich die Parole des «einen Volkes» und damit der Zwang zur Einarbeitung und Einmischung. Eine Arbeitsteilung: hier westdeutsches Aufbau-, dort ostdeutsches Bewältigungswerk, darf nicht sein.

«Kommunikatives Beschweigen»?

Es sei politisch weniger wichtig, woher einer kommt, als wohin er zu gehen willens ist. Diese auf das Epochenjahr 1945 gemünzte Formel Hermann Lübbes[4] hat seinerzeit Furore gemacht – als Apologie der abgebrochenen Entnazifizierung und des Überlebens und Wohlseins der NS-Eliten in Westdeutschland. Es stimmt aber: Täter und nicht wenige Opfer hatten sich nach 1945 «in gewisser Stille» und «nichtsymmetrischer Diskretion» mit ihrer gemeinsamen Vergangenheit befaßt; sie richteten den Blick fest auf den Aufbau der Nachkriegsordnung. Für Lübbe, Jahrgang 1926, war das angesichts von Millionen Mitläufern, Nutznießern und Mittätern das sozialpsychologisch und politisch notwendige und richtige Medium der Verwandlung der kompromittierten NS-Generation in die Bürgerschaft eines postfaschistischen Staats.

Diese als skandalös empfundene These wurde damals ein Anlaß des «Historikerstreits» und galt als Eckstein einer neokonservativen «Normalisierung» des Nationalsozialismus in der kollektiven Erinnerung. Ein solches Entlastungsargument wurde den Deutschen als «zweite Schuld» aufgeladen. Heute hat sich die Schlachtordnung verändert: Die schärfsten Kritiker von damals gehören heute zu den glühendsten Anwälten eines neuen Schlußstrichs unter die DDR-Geschichte, deren öffentliche Thematisierung in anklägerischer Absicht sie als «Hexenjagd» denunzieren – verbunden mit der Forderung einer DDR-Amnestie. Die einstigen Antifa-Staatsanwälte aus dem «fortschrittlichen Lager», die die DDR stets als leuchtendes Vorbild priesen, weil dort der «Faschismus mit Stumpf und Stiel ausgerottet» worden sei, hegen nun die empfindsamsten Bedenken, wenn irgendwo der Rechtsstaat an den einen oder anderen Vertreter des SED-Regimes zarte Hand anlegt. Wer jedoch heute angesichts bedrückter Zeitgenossen aus Ost und West auf Freispruch plädiert, kann sich schlecht weiter retrospektiv und nacheilend als Scharfrichter von NS-Unrecht betätigen; schwierige Gegenwartsbewältigung macht die «Aufarbeitung der Vergangenheit» nicht gerade leichter, wie man sieht.

Es lohnt sich also, die erst knapp zehn Jahre alte Rede, die Hermann Lübbe zum Abschluß einer Historikerkonferenz zum fünfzigsten Jahrestag der Machtergreifung im Reichstag hielt, im Licht unerwarteter

Erfahrungen wieder und neu zu lesen. An seinen exponierten Worten kann man den Test machen, wie weit die Analogie reicht und ob man die rote Vergangenheit ebenfalls «kommunikativ beschweigen» soll. Der Historiker Christian Meier präsentiert vorsichtig eine aktuelle Version der Lübbeschen These: «Wahrscheinlich darf man prognostizieren, daß sich wiederholt, was im Westdeutschland der fünfziger Jahre schon einmal geschah: daß es nämlich überraschend gut gelingt, mit Millionen von Anhängern eines radikalen Regimes eine Demokratie aufzubauen.»[5] Konkret schlägt er vor, die Opfer des Regimes zu rehabilitieren und «Verbrechen, Schurkereien und speziell auch Denunziationen» rechtskräftig zu verurteilen, ansonsten aber im Sinne eines nationalen Versöhnungs- und Integrationsprozesses mildernde Umstände walten zu lassen. Wäre es für die Ostdeutschen nicht richtig, die Vergangenheit ruhen zu lassen, statt nach 68er-Manier in einer Atmosphäre generalisierten Verdachts nun jeden auf seine SED- und Stasi-Vergangenheit zu durchleuchten? Sollten nicht auch die Westdeutschen, statt in Siegerpose unter den Neubürgern vergangenheitsbedingte Verunsicherung zu betreiben, zukunftsfeste Nachhilfe in Demokratie geben und sich bei der «Bewältigung der Vergangenheit» ganz auf die eigenen Verstrickungen und Illusionen konzentrieren?

Es gilt also, sich mit dem Lübbeschen Argument näher auseinanderzusetzen. Eine zentrale Schwäche (wichtiger als seine sehr pauschale, leicht hysterische Aversion gegen die ganze 68er-Richtung) kommt nicht im Falle der DDR zum Tragen: Hier werden nicht die verfolgten und ermordeten Mitglieder einer «dritten Gruppe», die Juden und Zigeuner Europas, klammheimlich in den deutschen Beschweigepakt einbezogen[6]; was die Untaten des SED-Regimes anbelangt, wäre ein einverständlicher «deutsch-deutscher» Täter-Opfer-Ausgleich, der nicht auf Kosten anderer ginge, also leichter möglich.

Hermann Lübbe ließ aber noch ein weiteres außer acht: Das deutsche Stillhalteabkommen wurde geschlossen in Anwesenheit und unter Kuratel der alliierten Besatzungsmächte, die sofort alle Macht und Rechtsprechung an sich zogen und «Sieger-Justiz» praktizierten. Im Nürnberger Tribunal ergriffen sie die Chance, erstmals Verbrechen gegen die Menschheit im Sinne eines überstaatlichen und überzeitlichen Rechts zu sühnen. Dies ist der nun gesamtdeutschen Justiz (mit fast ausschließlich westdeutschem Personal) verwehrt. Der oft zu hörende

Hinweis, die DDR habe internationale Abmachungen und Konventionen wie die KSZE-Charta unterzeichnet, schafft einen solchen archimedischen Punkt der Rechtsprechung nicht.[7] Insofern bleibt alle juristische wie politische Bewältigung dieses Mal eine «nationale Angelegenheit». Gerade deshalb steht sie unter dem unglücklichen Stern eines «internen Kolonialismus» oder gar des Märtyrertums, wie es die PDS aus dem Schicksal ihres freiwillig aus dem Leben geschiedenen Abgeordneten Gerhard Riege zu begründen versucht hat: «Sie werden den Sieg über uns voll auskosten. Nur die vollständige Hinrichtung ihres Gegners gestattet es ihnen, die Geschichte umzuschreiben und von allen braunen und schwarzen Flecken zu reinigen.»[8] So spekulieren interessierte Kreise auf das schlechte Gewissen der Westdeutschen. Man kann nur hoffen, daß solcher Legendenbildung in der konkreten Be- und Verurteilung politischer Verbrechen der ehemaligen DDR nicht Vorschub geleistet wird.

«Demokratischer Totalitarismus»?

Wie kann die Abrechnung mit dem SED-Staat aussehen? Wie sollen und können seine Hand- und Kopflanger zur Verantwortung gezogen werden? Wenn wir wissen wollen, wie auf den «Unrechtsstaat» DDR zu reagieren sei, müssen wir uns zunächst klarwerden über den Charakter der dort verübten «Regierungskriminalität» (so die offizielle Vokabel, unter der die Ermittlungen der Arbeitsgruppe der Staatsanwaltschaft beim Berliner Kammergericht laufen). Die Taten der DDR-Obrigkeit und das Mittun ihrer Untertanen sind eine späte Variante der jahrhunderttypischen «Verbrechen unter totalitärer Herrschaft»[9]; sie sind also Spielart einer Kriminalität, die vom Staats- und Herrschaftsapparat nicht nur nicht bekämpft, sondern von ihm eigens initiiert und in legale Formen gekleidet wurde.[10] Die politischen Verbrechen der DDR stehen im doppelten Fluchtpunkt der totalitären Staatskriminalität nationalsozialistischer und stalinistischer Art, ohne dabei je ihre Qualität und Intensität zu erreichen. Diese spezifische Differenz klärt sich erst im Vergleich, der nicht Gleichsetzung bedeutet; er zeigt, wo die Staatsverbrechen der DDR dramatisiert, aber auch, wo sie verharmlost werden.

Eine gängige Vergleichshypothese lautet, das Spitzelnetz des Ministeriums für Staatssicherheit habe die Gesellschaft der DDR dichter überzogen als die Gestapo Hitler-Deutschland. Darin besteht wohl kaum die Hauptdifferenz. Die Nazis verlangten bedingungslose Gefolgschaft, bisweilen Hingabe; welcher Volksgenosse das zu geben bereit war, blieb in der Regel vom Terror der Gestapo verschont, sobald er in seine privaten Nischen flüchtete – auch wenn er dort womöglich sogar ein wenig Resistenz an den Tag legte. Der Terror richtete sich gezielt und wahrnehmbar gegen alles Fremde und Andersartige, dadurch Lebensunwerte. So unbegreiflich Auschwitz bis heute geblieben ist, so klar war doch schon den zumindest Schlimmes ahnenden Zeitgenossen, wem diese «Endlösung» zugedacht war: den anderen. Keiner würde darauf verfallen, etwa die ermordeten SA-Leute Ernst Röhms als erste Opfer des SS-Staates anzusehen.

In Lenins und Stalins Sowjetunion war niemand vor Verfolgung sicher. Es konnte buchstäblich jeden jederzeit treffen: den ausgemachten Klassenfeind, ob Bourgeois oder Kulak, ebenso wie den Klassengenossen, ob Kommunist oder Antifaschist. Selbst wer gestern noch für den NKWD gearbeitet hatte, konnte morgen sein Opfer werden, ohne daß er seine Lage und Einstellung verändert hatte. Opfer waren vor allem die eigenen Leute, die als Verräter und Spitzel unversehens in die erste Kategorie fallen konnten. Und die private Nische erwies sich als größte Falle, wenn einen die eigenen Kinder ans Messer lieferten.

Der SED-Staat unterscheidet sich vom Nationalsozialismus wie vom Stalinismus – und hat doch Züge von beiden angenommen. Das erklärt antifaschistische und poststalinistische Regime der Ulbricht und Honecker war von den beiden Übeln, die es (freilich mit sehr unterschiedlicher Akzentsetzung) zu transzendieren vorgab, noch stark affiziert. Daß Erich Mielke 1992 nicht als Stasi-Befehlshaber, sondern wegen linksradikaler Jugendsünden aus dem Jahr 1931 vor Gericht sitzt, ist gewiß ein Treppenwitz der Geschichte und juristisch dubios; aber es führt doch eine Spur vom militärischen Parteiapparat der KPD über die konspirative Elite («Schwert und Schild der Partei») der frühen DDR zur Spießbürger-Tscheka der späten Jahre. In der Stasi war der Geheimdienst, Eckpfeiler jedes totalitären Herrschaftsapparates zwischen Partei und Staat, in einer bisher auch in anderen sozialistischen Ländern unbekannten Weise «vergesellschaftet», wie es das heute erkennbar werdende Maß an Kooperation und Kollaboration der vielen belegt. Dieses breitangelegte politische Korruptions- und Tauschgeschäft: inoffizielle Mitarbeit gegen Beteiligung an den Privilegien der Führungskaste der Partei, setzte volksgemeinschaftliches Zusammenwirken fort und reduzierte das in der Hitler- wie Stalin-Ära dominante Herrschaftsmittel ubiquitären Terrors auf ein Minimum. Man könnte das DDR-System in diesem Sinne geradezu als einen «demokratischen Totalitarismus» ansehen.

Die Fixierung auf den Geheimdienst, das Ministerium für Staatssicherheit, ist freilich ebensosehr eine Mystifikation, wie das ausufernde Medieninteresse an den IM auf Abwege führt. Nicht der geheimdienstliche Exzeß kennzeichnete die DDR, sondern die in den Augen mancher immer noch nicht kompromittierte Variante des realen Sozialismus, der auch ohne «die Firma» zur fortgesetzten Entmündigung seiner Untertanen führte. Die Stasi war immer nur ein Machtinstrument der Partei, und es wäre wichtiger, Zielsetzung und Wirkung der SED genauer zu analysieren und vorrangig deren Lenker und Leiter zur Verantwortung zu ziehen.[11]

Aporien politischer Abrechnung

Noch ist es zu früh, die deutsche «Säuberung» der Gegenwart mit denen in beiden Teilstaaten seit 1945 beziehungsweise in anderen Nachfolgestaaten des Realsozialismus[12] zu vergleichen. Jedenfalls soll keine «Entstasifizierung» nach bekanntem Muster ablaufen. Nach welchem aber sonst? Verlauf und Ergebnis von «Säuberungen» hängen von vielen Faktoren ab[13]: von der Dauer der totalitären Herrschaft und dem Maß ihrer kriminellen Energie, von der Ausprägung und Schärfe des innergesellschaftlichen Bürgerkriegs, vom Grad der Verstrickung der Allgemeinheit, von den historischen Umständen des «Zusammenbruchs» (beziehungsweise der «Befreiung» von außen), von der Intensität des Abrechnungs- und Änderungsbedürfnisses und nicht zuletzt von der «Überdetermination» durch ältere oder neuere Zielsetzungen. Daraus ergeben sich die Modalitäten der «Säuberung»: ob sie «wild» oder organisiert vor sich geht, ob sie eher justitieller[14], bürokratischer oder politischer Natur ist, ob sie von kurzer, mittlerer oder langer Dauer ist, etc.

Man scheut sich, den gegenwärtigen Prozeß als politische «Säuberung» zu bezeichnen – nicht nur wegen der Assoziationen mit stalinistischer Willkür und Schauprozessen, die dieser Begriff evoziert. «Säuberungen» beseitigen Schmutz und Unrat – es geht aber immer um Menschen, wenn neue Machthaber den alten die Rechnung präsentieren. Außerdem liegt im Begriff der Säuberungsaktion ein selbstbezogenes Moment des Reinwaschens, das leicht das gute Gewissen nahelegt, man werde sich im Dienste der guten Sache die Hände schon nicht schmutzig machen. Weder Vergangenheit noch Gegenwart sind also zu «säubern». Es geht, weniger affektbesetzt formuliert, um die Aufgabe, das neue System politischer Herrschaft zu stabilisieren und die Mächte des alten durch geeignete Maßnahmen zur Verantwortung zu ziehen und in Schach zu halten. Statt von «Säuberung» wollen wir daher von *politischer Abrechnung* sprechen.[15] Die Notwendigkeit der Sache selbst scheint uns allerdings unumgänglich. Gemeint ist die weitgehende geistige, personelle und institutionelle Trennung vom DDR-Sozialismus und die Bestimmung der politischen Verantwortung und kriminellen Schuld der DDR-Akteure und ihrer westdeutschen und ausländischen Helfer. Abrechnungen laufen auf eine Umschichtung des öffentlichen Lebens einer Gesellschaft und die gerichtliche Ahndung politischer Verbrechen des alten Regimes hinaus; mit ihnen wird ein nicht bloß symbolischer Neuanfang gesetzt, der eine Wiederkehr des Alten ausschließt und Neues zugrunde legt.

Auch Abrechnungen in demokratischer Absicht und Regie stehen unter dem Verdacht der Halbherzigkeit und der opportunistischen Selektivität. Daß sie die selbstgesteckten Ziele erreichen, ist aufgrund mangelnder Steuerbarkeit der Abrechnungsprozeduren und ihrer unbeabsichtigten Nebenfolgen höchst unwahrscheinlich. Die Gefahr des Scheiterns ist immer gegeben – sei es, weil eifernde Abrechnung übers Ziel hinausschießt oder weil allzu großherzige Integrations- und Versöhnungsbereitschaft den Willen zum Neuanfang lähmt.

Schon der Vorgang der Aktenöffnung in der «Gauck-Behörde», auf der Grundlage des Stasi-Akten-Gesetzes, ist einzigartig in der Geschichte der politischen Abrechnungen und der Geheimdienste. Hier stehen die Opfer im Vordergrund, die sich ihre von Spitzeln zerstörte Lebensgeschichte und Intimität wiederaneignen können. Wolfgang Thierse verteidigt dieses Vorgehen gegen Kritik: «Um der Opfer und um der Chance einer Gerechtigkeit für sie willen, die ihnen keine Strafjustiz gewähren kann.»[16] Es scheint, daß diese «private» Methode der Abrechnung logische Folge einer Revolution ist, die zwar im Ergebnis einen radikalen Bruch mit dem alten Regime herbeiführte, diesen jedoch nicht in Form einer radikalen politischen Abrechnung vollzog. Die Legitimität der von der Bürgerbewegung vehement geforderten Offenlegung der Stasi-Akten scheint mit jedem Tag ihrer Medienverwertung umstrittener, und schon wird von vielen Seiten aus unterschiedlichen Gründen eine Gesetzesnovelle oder gar die Schließung der Behörde gefordert.

Diese Entwicklung war absehbar. Von politischen Abrechnungen wird regelmäßig zuviel erwartet: Rache, kollektive Sühne, historische Gerechtigkeit. Würden sie nicht von solchen Motiven angetrieben, fänden sie auch gar nicht statt; aber der «kalte», verregelte und verlangsamende Modus der bürokratisch-justitiellen «Vergangenheitsbewältigung» ist auf Enttäuschung aller «heißen», auf globale Abrechnung abzielenden Erwartungen angelegt. Vor allem: Politische Gesinnungen sind gewiß kritisierbar, aber nicht justitiabel. Rechtlich bedeutsam sind dagegen politische Funktionen im Apparat des SED-Staats, soweit es um Entlassungen aus dem öffentlichen Dienst geht, und Straftaten, sofern persönliche Verantwortung für bestimmte Handlungen zugerechnet werden soll. Solche Verwaltungsmaßnahmen und Strafprozesse dienen vorrangig dem Aufbau des Rechtsstaats beziehungsweise der Überführung von Straftätern, nicht aber der Belehrung und Bekehrung von Gesinnungsgenossen. Mit zweieinhalb Millionen SED-Parteigängern – Blockflöten, Sympathisanten und Massenorganisierte einmal beiseite gelassen – kann man vor Gerichten ebensowenig abrechnen wie mit einem weitverzweigten Spitzelsystem vor «Entstasifizierungskammern». Wer deswegen voreilig vom «Versagen des Rechtsstaates» redet, verkennt, daß dem politischen Faktum der DDR und ihrer langmütigen Unterstützung westlicherseits weder durch mediale Denunziation noch durch Gerichtsurteile beizukommen ist, sondern nur durch die öffentliche Debatte.

Rechtsstaatlichkeit als Täterschutz?

Wer Vergangenheit dennoch *auch* juristisch «bewältigen» möchte, stößt sofort auf die Grenzen des Rechtsstaates – und auf ein Paradoxon: Wegen der Abwesenheit von Rechtsstaatlichkeit ist die DDR von ihren Bürgerrechtsgruppen attackiert und demontiert worden, und ihre Einführung kommt jetzt zuallererst den erklärten Gegnern des Rechtsstaates zugute. Gesetz und Gerechtigkeit, Recht und Moral fallen auf eine Weise auseinander, die weder den verständlichen Volkszorn befriedet noch den elementaren Empfindungen des Gerechtigkeitsgefühls genügt. Jens Reich hat in diesem Zusammenhang von der «Immanenzfalle» gesprochen: Die strafrechtliche Verfolgung politischer Verbrechen aus 40 Jahren DDR – von den frühen Internierungen und Todesurteilen über 200 «Mauertote» bis zur Fälschung von Wahlen – steht unter dem Rückwirkungsverbot («nulla poena sine lege») und muß daher auf individuelle Gesetzesverstöße gegen damals geltendes DDR-Recht bezogen sein. Dieses Vorgehen steht zwangsläufig unter dem Verdikt, viel zu ineffizient zu sein und meistens die Falschen, nämlich subalternes Herrschaftspersonal, zu treffen; wer mit kleinen Mauerschützen beginnt, einen Gewerkschaftsoberfunktionär à la Harry Tisch aber wegen Lappalien belangt und selbst Erich Mielke nur einen Polizistenmord von 1931 vorwerfen kann, setzt sich dem Verdacht aus, um die eigentliche Sache herum zu urteilen. Und er riskiert, hiermit erst recht die Rachegelüste der Enttäuschten herauszukitzeln.

Dennoch: Schüsse an der Mauer sind grundsätzlich justitiabel, Wahlfälschung auch, Folter im Strafvollzug oder in Stasi-Kellern erst recht. Wer, zum Beispiel, gegen den ehemaligen Zittauer Studentenpfarrer Heinz Eggert anordnete, «zielstrebig und wirksam mit operativen Maßnahmen die Phase des Zersetzungsprozesses zu beginnen», und dabei vor Anschlägen auf Gesundheit und Leben seiner ganzen Familie nicht zurückscheute (so nach Presseberichten der MfS-Chef von Dresden, Generalmajor Böhme), darf nicht damit rechnen, ungeschoren davonzukommen.[17] Und was die Zentralstelle in Salzgitter an Taten ermittelt hat, ist, wie sich jetzt herausstellt, nicht allein fürs zeithistorische Archiv gut. Trotzdem wird der konsequent durchgehaltene Rechtsstaat in Sachen Staatskriminalität regelmäßig das Nachsehen behalten. Für das Rechtsgefühl vieler mag die Sache klar sein. Der Teufel liegt indes, wie man gerade am Beispiel der Strafjustiz zeigen kann, im Detail.

Die Resultate bisheriger Strafprozesse, sei es wegen Veruntreuung, Wahlfälschung oder der ebenso folgenreichen wie symbolträchtigen Schüsse an der Mauer, sind kläglich und haben viel Unbehagen am Rechtsstaat verbreitet. Doch welche der zahllosen Diener des SED-Staates sollen justizförmig zur Verantwortung gezogen werden? Wo ist die Linie zu ziehen zwischen den Tätern, den oft nicht weniger gefährlichen Mitläufern und den kleinen, miesen Nutznießern, deren alltägliche Bosheiten in einer kleinen Stadt groß, für einen Justizfall im nachhinein aber zu klein sind? Bei allen Abgrenzungsschwierigkeiten im einzelnen könnte man sich hier wohl pragmatisch einigen: Auf das Personal der höheren Etagen – das ZK, die hohen Polizei- und Stasi-Offiziere. Ferner die Todesschützen an der Mauer, die verbeamteten Schläger im Staatsdienst usf. Nicht zu vergessen das Personal der politischen Justiz – jene Staatsanwälte und Richter zum Beispiel, die in den berüchtigten Waldheimer Prozessen[18] oder bis zuletzt gegen Republikflüchtige drakonische Strafen verhängten. Nehmen wir ein paar Denunzianten hinzu – und einige tausend Strafverfahren kämen in Gang. Das dürfte fürs erste genügen, um die gesamtdeutsche Justiz ein paar Jahre zu beschäftigen. Kein Problem für den Rechtsstaat – so hofften viele.

Doch problematisch ist bereits die gesetzliche Grundlage. Nach welchen Maßstäben soll geurteilt werden? Sollen jene, die dem verflossenen Regime mit gesetzestreuer Hingabe gedient haben, etwa nach der Geschäftsgrundlage ebendieses Regimes gerichtet werden? Genau das besagt der Einigungsvertrag: Taten vor dem 3. Oktober 1990 sind grundsätzlich nach altem DDR-Strafrecht zu beurteilen. Das folgt aus den allgemeinen Regeln des nunmehr in ganz Deutschland geltenden westdeutschen Strafrechts und dem Verfassungsartikel 103 Abs. 2: Kein Verbrechen, keine Strafe ohne vorheriges Gesetz – lautet die apodiktische Maxime jeder rechtsstaatlichen Strafverfolgung. Daher kommt das für den Angeklagten günstigere, oftmals also das DDR-Strafrecht zum Zuge. Weil jedoch alle im Grunde ahnen, daß so nicht viel auszurichten ist, andererseits aber glauben, frei flottierende fremde oder eigene Strafbedürfnisse bedienen zu müssen, wird jener Eiertanz aufgeführt, den wir derzeit in Sachen SED-Unrecht erleben: Es soll schon alles mit rechtsstaatlichen Dingen zugehen, wenn nur das Ergebnis irgendwie stimmt.

Natürlich war es auch in der DDR verboten, Menschen zu töten. Allerdings gab es davon gesetzliche Ausnahmen. Zum Beispiel in § 27 des 1982 von der Volkskammer einstimmig (!) verabschiedeten Grenzgesetzes. Danach war der Gebrauch der Schußwaffe als «äußerste Maßnahme der Gewaltanwendung gegenüber Personen» gerechtfertigt, «um die unmittelbar bevorstehende Ausführung oder die Fortsetzung einer Straftat zu verhindern, die sich den Umständen nach als ein Verbrechen darstellt». Dieser Satz könnte auch in einem westdeutschen Grenzschutzgesetz stehen. Die Frage ist nur, wann ein Staat seine Beamten zu «äußerster» Gewaltanwendung ermächtigt. Alles kommt daher darauf an, was der jeweilige Gesetzgeber als Verbrechen definiert. Und hier steht die gesamtdeutsche Strafjustiz vor einem Dilemma. Die sogenannte Republikflucht war nach § 213 des DDR-Strafgesetzes unter anderem dann ein Verbrechen, wenn sie gemeinschaftlich oder mit besonderer Intensität oder zum wiederholten Male begangen wurde. Bei dieser Rechtslage durfte sich den DDR-Grenzsoldaten jeder ernsthafte Versuch des illegalen Grenzübertritts als Verbrechen darstellen. Dem entspricht eine Dienstvorschrift, die unter den Offizieren der Grenztruppen kursierte, in der es lapidar hieß: «Bei der Anwendung der Schußwaffe ist das Leben von Personen nach Möglichkeit (!) zu schonen.» Am «antifaschistischen Schutzwall» durfte also geschossen und, je «nach Möglichkeit», getötet werden, selbst unter Bedingungen, die unserem Rechtsverständnis völlig unverhältnismäßig erscheinen müssen.

Mangels strafbaren Totschlags an der Mauer wird es übrigens auch schwierig, vermeintliche Anstifter wie Honecker oder Mielke dingfest zu machen: Denn eine Anstiftung ohne strafbare Haupttat gibt es nicht. Das gilt auch für die Abgeordneten der Volkskammer, die das Grenzgesetz verabschiedeten. Es ist kurios, daß die «Arbeitsgruppe Regierungskriminalität» allen Ernstes erwogen hat, gegen mehrere hundert Mitglieder eines Gesetzgebungsorgans Ermittlungen einzuleiten. In dieser an sich konsequenten, jedoch offenkundig widersinnigen Zuspitzung wird einmal mehr deutlich, daß man im Rahmen juristischer Erwägungen dem Problem des gesetzlichen Unrechts nicht beikommt.

Es versteht sich, daß feingesponnene Interpretationskünste aufgeboten werden, um aus dieser juristischen Zwickmühle herauszufinden. Um es kurz zu sagen, diese juristischen Finessen erscheinen uns allesamt wenig überzeugend und haben oft eines gemeinsam: Sie sind von einem untergründigen Naturrechtsargument durchwirkt, das schlicht auf eine Annullierung all jener DDR-Gesetze hinausläuft, die einer heute als angemessen erscheinenden Bestrafung im Wege stehen. Mit dem Argument vom Unrechtsstaat wird so das offiziell nicht angetastete Rückwirkungsverbot des Art. 103 Abs. 2 ausgehebelt.

«Unrechtsstaat»? Recht, Moral und Politik

Dabei ist merkwürdig unklar geblieben, was das eigentlich meint: «Unrechtsstaat». Gab es in der DDR keinerlei Recht – nicht einmal im Straßenverkehr oder in Ehe- und Familiensachen? Zahlreiche Rechtsvorschriften des Arbeiter-und-Bauern-Staats gelten als Bundes- oder Landesrecht übergangsweise fort. Sogar die Strafurteile der DDR-Gerichte bleiben grundsätzlich wirksam.[19] Welcher Inhalt also qualifiziert eine DDR-Rechtsnorm als «Unrecht»?

Die Kriterien dafür sind aus der westdeutschen Nachkriegszeit überliefert. In jenen Tagen mußten die Gerichte zum Beispiel entscheiden, ob der Judengesetzgebung des Nazi-Staates der Rechtscharakter abzusprechen sei. Gustav Radbruch, Rechtsphilosoph und in der Weimarer Republik zeitweise sozialdemokratischer Justizminister, hatte vor dem Krieg den Konflikt zwischen Recht und Gerechtigkeit im Zweifel für das formale Gesetz, also positivistisch entschieden. Unter dem Eindruck des Nationalsozialismus setzte er andere Akzente und schrieb 1946 in der *Süddeutschen Juristenzeitung* unter dem Titel «Gesetzliches Unrecht und übergesetzliches Recht»: Das positive Recht habe «auch dann den Vorrang, wenn es inhaltlich ungerecht und unzweckmäßig ist, *es sei denn, daß der Widerspruch des positiven Gesetzes zur Gerechtigkeit ein so unerträgliches Maß erreicht, daß das Gesetz als ‹unrichtiges Recht› der Gerechtigkeit zu weichen hat*»[20].

Diese Radbruch-Formel erlangte in der Naturrechtsrenaissance der Nachkriegszeit große Bedeutung und fand bis in die Rechtsprechung des Bundesverfassungsgerichts Eingang.[21] Wenn heute vom Unrechtsstaat die Rede ist, wird mehr oder weniger bewußt auf diese Tradition Bezug genommen. Es erscheint zunächst als eine selbstverständliche Forderung der Gerechtigkeit, daß wir menschenfeindlichen Gesetzen einer Diktatur den Rechtscharakter absprechen. Eine nähere Betrachtung zeigt jedoch, daß diese gutgemeinte Haltung mehr Verwirrung stiftet, als daß sie Klarheit in die Diskussion um den Unrechtsstaat bringt.

Natürlich können wir sagen, daß der Republikfluchtparagraph der DDR unseren Gerechtigkeitsvorstellungen kraß widerspricht. Doch warum sollten wir daraus den Schluß ziehen, das betreffende Gesetz habe nicht als Recht gegolten? Es ist schließlich nicht zu bestreiten, daß im SED-Staat jene zum Teil unmenschlichen Gesetze im großen und ganzen befolgt beziehungsweise unter Einsatz der staatlichen Zwangsgewalt durchgesetzt wurden – in diesem Sinne also auch galten. Mit dieser Realität einer Staatsmacht, die das Recht als «scharfe Waffe der Partei» okkupiert hielt, sahen sich die Bürger der DDR in jenen Jahren konfrontiert. Wem, wenn nicht unserer selbstgerechten Eitelkeit, ist heute damit gedient, die auf die Herrschaft der SED gegründete Rechtslage im nachhinein zu bestreiten? Es wirkt mehr als peinlich, Grenzsoldaten der DDR, also ehemals Rechtsunterworfenen des anderen deutschen Staates, vorzuhalten, sie hätten doch aus den Westmedien gewußt, daß *wir* die Schüsse an der Mauer schon immer als Unrecht eingestuft haben – so geschehen im ersten Mauerschützen-Prozeß vor dem Berliner Landgericht.

Unter den Bedingungen terroristisch ausgeübter Staatsgewalt ist Widerstand eine Angelegenheit persönlichen Mutes und keine Frage der richtigen Rechtsphilosophie. Die Kraft zum Nichtmitmachen bedarf nicht des Rekurses auf übergesetzliche Rechte, sondern einer Konfliktbereitschaft, deren politisch-moralische Substanz aus dem wachen Gewissen eines jeden einzelnen gespeist wird. In Deutschland indes herrscht seit jeher ein Mangel an kultiviertem Eigensinn, dem auch nicht durch die Postulierung ewiger Rechtswerte beizukommen ist.

Eine weitere Schwäche der Radbruch-Formel ist ihre Vagheit. Es unterliegt den Schwankungen des politisch-moralischen Zeitgeistes, wann der Widerspruch zwischen Recht und Gerechtigkeit von maßgeblichen Gruppen einer Gesellschaft als «unerträglich» definiert wird. Die divergierenden Urteile der beiden ersten Mauerschützen-Prozesse zeigen dies auf charakteristische Weise: Während im ersten Urteil der Widerspruch zwischen Gerechtigkeit und Republikfluchtparagraphen nebst Grenzgesetz als «unerträglich» eingestuft wurde, befand eine andere Strafkammer des Berliner Landgerichts deutlich kühler, besagtes DDR-Recht befinde sich zur Gerechtigkeit in keinem Widerspruch, der als «unerträglich» bezeichnet werden könnte. Denn das Recht auf freie Ausreise sei internationalen Standards zufolge keineswegs so gesichert, wie gemeinhin angenommen (weshalb dieses Gericht fallbezogener argumentierte und den Angeklagten vorhielt, ihr konkretes Verhalten sei selbst nach dem Grenzgesetz nicht gerechtfertigt). Die Wertungswidersprüche und politischen Befangenheiten, die in jedem brisanten Rechtsfall unvermeidlich sind, verschärfen sich, wenn die Gesetze der kommunistischen Staaten des ehemaligen Ostblocks im nachhinein an den Prinzipien ihres westlichen Konkurrenzmodells gemessen werden.

Der 1933 emigrierte Rechtstheoretiker Hans Kelsen [22] hat denn auch mit der strikten Trennung von Recht und Moral die positivistische Gegenposition zu jedweder naturrechtlichen Moralisierung des Gesetzes bezogen und damit in Deutschland, wo man das Recht lieb hat, bis heute wenig Zustimmung gefunden. Nach Kelsen kann jeder beliebige Inhalt in die Form des Gesetzes gegossen werden. Er betonte freilich ebenso kompromißlos, daß das rechtswissenschaftliche Urteil, eine Norm sei geltendes Recht, keineswegs mit deren politischer Rechtfertigung gleichgesetzt werden dürfe.[23]

Eine solche juristische, manchem als herzlos erscheinende Analyse ermöglicht es einerseits, ohne Illusionen das Recht diktatorischer Staaten zu erkennen. Andererseits hindert sie uns keineswegs, nach den Maßstäben unserer politischen Moral bestimmte Gesetze als menschenfeindlich zu kritisieren und gegen sie Widerstand zu leisten, wo uns dies möglich und aussichtsreich erscheint.[24] Gerade in Deutschland wäre es an der Zeit, mit dem Untertanen-Irrglauben aufzuräumen, dem staatlich gesetzten Recht komme eine Art höherer Weihe zu, die unwiderstehlich Gehorsam verlange. Die Unterscheidung von Recht und Moral entmystifiziert den Rechtsbegriff und schärft das kritische Bewußtsein gegenüber dem Machtmißbrauch in Gesetzesform – und geschehe er mitten im Rechtsstaat.

Grenzgesetz und Republikfluchtparagraph sind daher jenseits naturrechtlich inspirierter Verbiegungen als geltendes Recht der ehemaligen DDR zu qualifizieren. Zweifellos ist dieses *juristische* Ergebnis *politisch* unbefriedigend. Es hat allerdings einen Vorzug: Quälende Einsichten in jene Synthese aus krimineller Energie und sozialistischem Biedersinn, wie sie dem SED-Staat eigen war, bleiben uns nicht erspart. Wer dagegen auf fragwürdige Weise Recht und Moral vermischt, nur um der Strafjustiz ein paar laue Erfolge gegen die Büttel des SED-Regimes zu bescheren, führt *unterderhand* genau das ein, wovor er so vehement mit rechtsstaatlichem Pathos warnt: die rückwirkende Bestrafung einzelner.

Der Staat als Räuberbande

Die häufigen Klagen über die Überforderung der Gerichte in Sachen Regierungskriminalität haben tiefere Ursachen als das Unbehagen darüber, hier könnten die Deutschen West über die Deutschen Ost eine wohlfeile Siegerjustiz inszenieren. Das *Strafrecht als solches*, nicht seine fehlerhafte Anwendung in dem einen oder anderen Fall ist das Problem. Was läßt sich mit einem Strafrecht anstellen, das die kriminellen Taten einzelner als Ausnahme von einer ansonsten unterstellten Normalität voraussetzt und Staatsverbrechen, die im Kollektiv als Ausdruck von Konformität begangen werden, nicht kennt?[25] Ein auf Eierdiebe und Scheckbetrüger, zur Not gerade noch auf Wirtschaftskriminelle zugeschnittenes Strafrecht muß scheitern, wenn sich im «Unrechtsstaat» das Verhältnis von Normalität und Abweichung grundstürzend umkehrt, wenn Kriminalität sich als regulär hochrüstet mit einer Vielzahl von Gesetzen, Verordnungen und Erlassen.

Ein Strafrecht, das den *individuellen* Exzeß sanktioniert, muß dort versagen, wo der «Exzeß» zur Regierungssache erklärt und kollektiv organisiert wird. In den Netzen des herkömmlichen Strafrechts verfängt sich nur, wer dem Unrechtsstaat mehr gab, als dieser von Rechts wegen verlangte. Zum Beispiel der Richter, der eine höhere Strafe verhängte, als das Gesetz vorsah. Die kunstgerechte Verurteilung hingegen oder der korrekte Schußwaffengebrauch werden nicht erfaßt – geschweige denn die Urheber solcher Gesetze. Einmal mehr stellt sich hier in aller Schärfe die Frage nach dem (rückwirkenden) Sonderrecht: Entscheidet sich eine Gesellschaft dafür, die Regierungskriminalität des 20. Jahrhunderts mit dem Strafrecht des 19. Jahrhunderts zu bekämpfen, hat sie diesen Kampf schon halb verloren. Wo der Staat selbst sich als Räuberbande geriert, wird ein Kriminalrecht, das die Räuber noch im Walde wähnt, zur stumpfen Waffe. Nicht erst in Sachen SED, einem vergleichsweise harmlosen Fall, wurde offenkundig, daß dort, wo Kriminalität zur Regierungssache sich mausert, stets ein Abgrund zwischen den aufgetürmten Untaten und den zur Verfügung stehenden Sanktionen besteht: «... Göring zu hängen, ist zwar notwendig, aber völlig inadäquat. D. h., diese Schuld, im Gegensatz zu aller kriminellen Schuld, übersteigt und zerbricht alle Rechtsordnung. Dies ist der Grund, warum die Nazis in Nürnberg so vergnügt sind; sie wissen das natürlich», so Hannah Arendt 1946 in einem Brief an Karl Jaspers.[26]

Wer Regierungskriminalität so konsequent ahnden will, wie dies eben möglich ist, muß das Grundgesetz ändern und *rückwirkende Sondergesetze* erlassen.[27] Wie anders könnte man etwa jene Richter und Staatsanwälte auf die Anklagebank bringen, die Republikflüchtlinge justizförmig zur Strecke brachten? Ihre Staatskriminalität erfolgte gerade auf der Grundlage juristischer Fertigkeiten. Muß man sich etwa an den berüchtigten Marinestabsrichter a. D. Hans Filbinger halten und der Richtmaxime seiner «verlorenen Generation» folgen: «Was damals Recht war, kann heute nicht Unrecht sein»? Mit der Durchbrechung des Rückwirkungsverbots müßte der Rechtsstaat freilich seine Unschuld dahingeben: Denn beides – *rechtsstaatliche Tugend und Effizienz der Strafverfolgung* – ist im Kampf gegen Staatskriminelle nicht zu haben. Es gibt indes gute Gründe, an dieser fundamentalen Rechtsgarantie kompromißlos festzuhalten. Die aktiven Kerne der Herbstrevolution haben nicht für Demokratie und Rechtsstaat gestritten, um bei der ersten Belastungsprobe deren Prinzipien zur Disposition zu stellen. Die «Verfassungsrevolution»[28] wollte keine Nacht der langen Messer und erst recht nicht deren schwachen justitiellen Nachschein.

Die «nachrevolutionäre» Gesellschaft muß sich daher entscheiden: Entweder sie stuft nach den Maßstäben *ihrer politischen Moral* bestimmte Handlungen als so gravierend ein, daß sie auf Sanktionen – um den Preis einer außerordentlich fragwürdigen Grundgesetzänderung – nicht verzichten will. Oder sie läßt die Untaten des Regimes weitgehend straflos, eben weil ihr die ungeteilte Geltung rechtsstaatlicher Prinzipien hier und heute mehr bedeutet als Strafprozesse.

Es ist folgerichtig und aufs Ganze gesehen überzeugend, die Tradition der friedlichen Verfassungsrevolution auch im «nachrevolutionären» Deutschland durchzuhalten. Rechtsstaatliche Verfahren sind nun einmal langsam, bürokratisch, ja teils ineffizient, und führen mitunter zu ganz und gar unerwünschten Ergebnissen. Solcherlei «Ungerechtigkeit» ist freilich systembedingt und jeder rechtlichen Sublimierung politischer Konflikte eigen. Deshalb ist gegenüber dem enttäuschten Verlangen nach Effizienz und Gerechtigkeit in diesem oder jenem Einzelfall darauf zu beharren, daß es keineswegs eine Schande für den Rechtsstaat ist, wenn die Anwendung seiner Prinzipien auch den «falschen» Leuten nutzt: Gerade dies gereicht dem Rechtsstaat ja zur Ehre – daß seine formalen Garantien «blind» sind gegenüber den Bedürfnissen des jeweils aktuellen Rechtsempfindens. Wenn Bärbel Bohley beispielsweise ernüchtert konstatiert: «Wir haben Gerechtigkeit erwartet und den Rechtsstaat bekommen», so entspringt dies allem anderen als dem Wunsch, man möge kurzen Prozeß machen, sondern bezeugt vielmehr einen mit Irritationen einhergehenden Lernprozeß, der im Westen kaum mehr verstanden wird.[29]

Gegen die Durchbrechung des Rückwirkungsverbots spricht zudem die Tatsache, daß nach der Gründung der Bundesrepublik niemand ernsthaft daran dachte, diese Verfassungsgarantie aufzuheben, um eine angemessenere Bestrafung von NS-Tätern zu sichern. Im Gegenteil, es kam – vor allem in den fünfziger Jahren – zu einer «kalten Amnestie», und um Haaresbreite hätte der Bundestag sich seinerzeit nicht einmal dazu durchringen können, die Verjährung für Mord aufzuheben. Damit wurden – zugegebenermaßen fragwürdige – Maßstäbe gesetzt, die wir heute gleichwohl nicht ignorieren können. Selbst wenn man Ulbricht und Honecker einem Hitler, Eichmann oder Heydrich gleichsetzen wollte: die Funktionselite des SED-Staats darf nicht schlechter behandelt werden als die des NS-Staats.

Wir müssen uns schon die Einsicht zumuten, daß sich Regierungskriminalität sehr wohl auszahlt, wenn sie sich nur in den oberen Etagen der Macht eingerichtet hat. Der neuzeitliche Staat hat das Verhältnis von *Politik und Verbrechen*[30] radikalisiert. Es wäre das Schlechteste nicht, spräche sich bei uns herum, daß Regieren zuweilen ans Kriminelle grenzt und gleichsam die höchste Stufe der organisierten Kriminalität freisetzt. Einer Amnestie[31] bedarf es im übrigen nicht. Nach DDR-Strafrecht kommen ohnehin viele ungeschoren davon: nicht nur Honecker und die Seinen, sondern all jene, die nach dem sogenannten DDR-Unrecht rechtmäßig handelten. Auch wenn dies eine ethisch aufgeladene und aufs Ergebnis schielende, westdeutsch geprägte Strafjustiz nicht wahrhaben will. Und bei *Exzessen*, die selbst nach den Regeln des SED-Polizeistaats illegal waren, ist ein Amnestiegesetz nicht diskutabel. Warum sollten zum Beispiel jene straffrei ausgehen, die an der Mauer noch schamloser töteten, als es ein unmenschliches Grenzgesetz ohnehin schon erlaubte? Gegenüber der Larmoyanz der Kleinen, die sich im Gegensatz zu den Großen stets gehängt sehen, ist Skepsis angebracht: Wer von Regierungskriminalität spricht, darf von der *Kriminalität jener, die sich regieren ließen,* nicht schweigen. Denn ohne Untertanenkriminalität, für die es in Ostdeutschland Orden, Sonderurlaub und Plattenbauwohnungen gab, wäre auch von der SED kein «Unrechtsstaat» zu machen gewesen.

Tribunale und Foren als politisches Äquivalent?

Realistische Einsichten in die Gebrechlichkeit der Veranstaltung namens Strafjustiz sollten freilich nicht zu der Fehleinschätzung *«rien ne va plus»* verleiten. Dem Rechtsstaat stehen noch andere Abrechnungsmethoden zu Gebote: Entlassungen aus dem öffentlichen Dienst und aus leitenden Funktionen in der Wirtschaft, der partielle Ausschluß von der politischen Teilhabe (etwa durch zeitlich begrenzte Aberkennung des Wahlrechts), schließlich ökonomische Sanktionen wie Enteignungen und dergleichen. All dies ist denkbar und aus der Nachkriegszeit bekannt. Das ganze Spektrum dieser Möglichkeiten steht heute in Ostdeutschland gesetzlich zwar nicht zur Verfügung (ein weiteres Indiz dafür, daß wir es hier mit einer gemäßigten Abrechnung zu tun haben). Insbesondere im öffentlichen Dienst werden aber Überprüfungen und Entlassungen durchgeführt[32], deren Wirksamkeit man nicht unterschätzen sollte. Diese Maßnahmen bleiben sinnvoll, auch wenn man sich beispielsweise in Berlin zu der Dummheit verstiegen hat, Stasi-Angehörige selbst als Mitarbeiter der Stadtreinigung als «unzumutbar» auszugrenzen: Hier tobt sich anfallsweise westdeutscher Bewältigungseifer aus – «die Unbelastetheit, ja das aufreizend gute Gewissen einer moralisch ausgeruhten Gesellschaft»[33]. Die «strikt rechtsstaatliche» Vorgehensweise, die seit der Herbstrevolution in aller Munde ist, signalisiert jedoch aufs Ganze gesehen untrüglich die wachsende Bereitschaft, sich mit der Mehrzahl der Belasteten zu arrangieren. Daß der Rechtsstaat bei alledem souveräner sein könnte, als seine derzeitigen Verwalter dies nahelegen, sei nur am Rande erwähnt.

Da die juristische Bilanz der «Vergangenheitsbewältigung» auch dieses Mal eher dürftig bleiben wird, sucht man nach politischen Äquivalenten. Strafprozesse sind, ebenso wie andere rechtliche Verfahren, kein Mittel der Aufklärung, sie dienen der Überführung im Einzelfall. Von daher gesehen zielt die Idee eines *politischen* «Tribunals» gegen den SED-Staat, wie sie im Herbst 1991 ins Gespräch kam und am 22. März 1992 als «Forum zur Aufklärung und Erneuerung» in Leipzig Gestalt annahm[34], immerhin in die richtige Richtung. Dieser Vorschlag prominenter Ostdeutscher, ein öffentliches Tribunal (oder ein «Forum») einzurichten, geht dahin, die vielen individuellen Lesefrüchte aus den Stasi-Akten in einen analytischen Kontext zu stellen: nicht allein den Nachbarn und Freund als Spitzel zu entlarven (oder sich seiner nachträglich doch sicher sein zu können), sich nicht allein die von der Stasi mitgelenkte Lebensgeschichte wiederanzueignen und nicht bloß kompromittierte Figuren von öffentlichen Ämtern, vor allem in Justiz und Bildung, und Mandaten fernzuhalten, sondern den öffentlichen Diskurs über die gemeinsame Vergangenheit von Tätern und Opfern wiederaufzunehmen und gründlicher zu «verstehen, was eigentlich geschehen ist» (Gerd Poppe). Auch westliche Freunde der Bürgerbewegungen haben dazu aufgefordert, «der Beschäftigung mit dem ‹Stasi-Komplex› die politische Dimension zurückzugeben und... das gesamte Unterdrückungssystem des Parteistaats DDR zu thematisieren» (Christian Semler)[35].

Jürgen Fuchs beispielsweise will die Differenz zwischen Täter- und Opferseite genau markieren. Gegen die heraufziehende schreckliche Indifferenz stehen prominente Dissidenten und die vielen Unbekannten, deren Leidensgeschichte wir jetzt peu à peu erfahren. Sie zeigen den Lebenden und Nachgeborenen, daß es sehr wohl welche gab, die sich wehrten, die zu urteilen und zu unterscheiden verstanden.[36] Wer den Mut und die Möglichkeit hatte, bekämpfte die Täter und war zur Stelle, als «der große Streit mit der Obrigkeit drohte, endlich ernst zu werden» (Wolf Biermann). Solche Unterschiede zu verwischen, war die durchsichtige Absicht oder der Effekt von Leuten wie Sascha Anderson, die (bestenfalls) die Stasi zu «dekonstruieren» meinten. Die Verantwortlichkeit jedes einzelnen für sein Tun zu tilgen, ist schließlich Wesen und Ziel totalitärer Regime. Heute zu rasch auf nationale Versöhnung zu setzen oder diese gar im Sinne effizienten Wiederaufbaus zu verordnen, wäre ein später Sieg der SED.

Es bleibt die unverzichtbare Aufgabe einer sich selbst aufklärenden

Öffentlichkeit, die Verwüstungen von vierzig Jahren SED-Alleinherrschaft für viele einzelne Bereiche zu ergründen, wofür ein «Forum zur Aufklärung» eine angemessene Form unter anderen sein kann. Wer dabei allerdings auf den Bundespräsidenten als graumelierte Galionsfigur schielt oder eine Kommission des Bundestages bemühen will, verkennt, daß die Bilanz in Sachen DDR eine originär gesellschaftliche, das heißt staatsfreie Angelegenheit sein muß. Es bedarf im übrigen keiner administrativen Zwangsbefugnisse, um Betroffene anzuhören oder Sachverständigengutachten einzuholen – etwa über das Schicksal von Häftlingen oder Psychiatrie-Insassen. Öffentliche Diskussionen über «persönliche Verantwortung in der Diktatur» (Hannah Arendt)[37] und die Funktionsbedingungen solcher Herrschaft sind allemal mehr wert als alle dürftigen Resultate der Strafjustiz zusammengenommen.

Andererseits stehen Tribunale und Foren, die den falschen Frieden stören sollen, unter dem Risiko des politischen Scheiterns. Sie setzen zwar nicht unbedingt Einsicht und Teilnahme der Täter voraus, zumal solch reflexive Reue gerade aus der Spitze des SED-Regimes nicht zu erwarten ist. Wie aber könnte ein Tribunal zum nationalen Großereignis werden, das die gesamte Gesellschaft in Ost und West in den Bann zieht und dadurch aufklärende und «reinigende» Wirkung entfaltet? Politische Täter-Opfer-Gespräche, die im übrigen eine fatale Tendenz zur Küchenpsychologie befördern, können kaum mit jenem öffentlichen Interesse rechnen, das Strafprozesse, ob sie nun stattfinden oder nicht, leicht gewinnen. Das den meisten abstrakt klingende Ansinnen eines politischen Tribunals trifft auf eine verbreitete Stimmung «anderer Sorgen»; es klingt den meisten auch zu akademisch-abgehoben.

«Innerer Frieden» als nationale Komplizenschaft?

Ganz gleich, was man von der Forderung nach einem «Tribunal» hält und wie dessen Chancen stehen: Kein «Forum zur Aufklärung» vermag die professionelle Auswertung der Hinterlassenschaften der SED und ihrer Unterdrückungsapparate zu ersetzen. Die Arbeit der Gauck-Behörde bleibt daher unverzichtbar, ebenso wie die Öffnung der Akten. Bislang sind keine überzeugenden Argumente vorgetragen worden, die irgendeine Art von Schlußstrich rechtfertigten. Auch wenn ausländischen Beobachtern der deutschen Bewältigungsszene wie Andrzej Szczypiorski der Streit als *querelle allemande* hinfällig anmutet[38]: Es gibt keine vernünftige Alternative zu einer maßvollen, das heißt rechtsstaatlich gezähmten Abrechnung mit dem SED-Staat und seinen Dienern. Die nicht eifernde, gleichwohl entschiedene praktische Leistung gehört zum Vermächtnis der Verfassungsrevolution. Mit dem Zugriff auf die Akten der Unterdrückungsapparate des alten Regimes steht den Bespitzelten eine Grundlage zur Verfügung, mittels derer sie ihre Leidensgeschichte buchstäblich «einsehen» können. Jene Dokumente und Unterlagen liefern überdies nicht nur den Einstellungs- und Strafverfolgungsbehörden Beweismaterial[39], sondern schaffen auch eine wichtige, wenn auch nicht die einzige Bedingung dafür, den abstrakt-moralischen Postulaten nach «Aufarbeitung der Vergangenheit» eine handfestere empirische Basis zu geben. Daß zur kompetenten Auswertung dieses Materials eine gehörige Portion quellenkritischer Distanz zählt, versteht sich eigentlich von selbst, bedenkt man dessen geheimdienstlichen Ursprung.

Die hier und da erhobene Forderung, die Akten wieder unter Verschluß zu nehmen, wie sie von Golo Mann und Heiner Geißler bis hin zu ehemaligen MfS-Generälen derzeit zu hören ist, ist daher abwegig. Der Schriftsteller Günter Kunert hat jene obskure «Koalition der Vergangenheits-Verdränger» und deren Anrufung des inneren Friedens angemessen kommentiert: «Gestohlenes Dasein kann nicht rückerstattet werden. Allein wenn die Ursachen dafür schonungslos aufgedeckt werden, jenes unheilvolle Zusammenspiel von Machtbesessenheit und Unterwürfigkeit, und zwar ‹personenbezogen›, kann es dem Betroffenen gelingen, das Gewesene zu verwinden. Es wird kein erneuertes Deutschland geben, wenn es dem alten Grundmuster anheimfällt, die Misere zu verleugnen, und die Missetäter aller Größenordnungen in seine Arme schließt.»[40]

Die Mechanik der Realpolitik hat sich selten um solche Warnungen geschert. So wird es vermutlich weitergehen wie nach 1945, daß nämlich «die Träger und Helfer eines diktatorischen Regimes ihre Anteile daran nachträglich leugnen, verniedlichen oder vernebeln» (Christian Meier). Hinzufügen darf man, daß wieder ein erklecklicher Teil der weniger prominenten oder rascher gewendeten Machtoligarchie des alten Regimes auf die Füße fallen und nach einer kurzen Schamfrist wieder nach «ganz oben» klettern wird. Sie können dies im stillschweigend-resignierten Einverständnis des Publikums, einschließlich vieler Opfer, die es so weit in der Regel nicht bringen, sondern sich mit den täglichen Folgen der Einheit herumplagen müssen. Schon gibt ein Leitartikler der *FAZ* für die ungeduldig scharrenden Fachkräfte des SED-Regimes die trostspendende Parole aus, «aus einer Verstrickung die Konsequenz zu ziehen, seinen Ehrgeiz wenigstens für eine Karenzzeit zu bändigen»[41]. Es ist freilich noch nicht aller Tage Abend, und die Taten etlicher, die bis heute unbehelligt blieben und sich in irgendeiner Amtsstube sicher wähnen, werden im Laufe der Zeit, sei es durch Zufall oder den späten Erfolg irgendeiner Ermittlungsbehörde, ans Licht der Öffentlichkeit gezogen werden. Diese «verspäteten» Enthüllungen sind der politisch-moralische Preis, der für die Integration der Masse der Mitläufer zu entrichten sein wird. In einer Gesellschaft, die vierzig Jahre von der SED-Monopolpartei durchdrungen war, ist ein solcher Prozeß der Integration auch gar nicht anders denkbar als «ein mit Skandalen gepflasterter Prozeß der Amalgamierung»[42].

Das subkutane Projekt einer «Wiedergründung der DDR» hat indes – bei aller Unzulänglichkeit der heutigen Abrechnung – keine Chancen. Die notwendige und nachhaltige Ernüchterung über die DDR hat mittlerweile bei fast allen stattgefunden; genauer möchten es die meisten aber nicht wissen. Im Westen stößt dies natürlich auf Protest: Man möchte Vergangenheit nicht «schon wieder» verdrängen und beschönigen – immerhin dies will man «aus der Geschichte gelernt» haben. Weniger empfindsame Leute sehen es andersherum; wenn die jüngste Vergangenheit rasch Geschichte wird, kann endlich auch die jüngere ad acta gelegt und den Historikern überlassen werden. Die «Krake» Stasi und andere Schauergeschichten des Honecker-Regimes wurden lange genug in den Medien hin- und hergewendet, um alsbald schon ausgespuckt zu werden.

Machen wir uns nichts vor: Was bleibt, ist im Westen Langeweile, gepaart mit pflichtschuldiger Anteilnahme, und im Osten der bittere Nachgeschmack von schwarzer Galle, den kein Markenprodukt der westlichen Genußmittelindustrie zu neutralisieren vermag. Der lärmende Tumult um die «Akten» könnte also rasch abebben und – kollektivem Beschweigen Platz machen. Sicher ist: Das Lügen, Beschönigen und Verdrängen wird wieder unerwünschte Nebenwirkungen haben und fragliche Kompromisse produzieren, was dem politischen

Klima der «Berliner Republik» zweifellos abträglich sein wird. Denn so viel immerhin wird man schon heute sagen können[43]: Das Nachleben der SED-Vergangenheit *in* der Demokratie ist potentiell bedrohlicher als alle erdenkliche Wühlarbeit der alten Seilschaften *gegen* diese.

Anmerkungen

1 Hannah Arendt, Besuch in Deutschland 1950. Die Nachwirkungen des Naziregimes, in: dies., Zur Zeit. Politische Essays, Berlin 1986, S. 43 ff, 59 f.
2 Vgl. Wolf Biermann, Ein öffentliches Geschwür, Spiegel Nr. 3 vom 13.1.1992.
3 Vgl. Heinrich Albertz, 1945 ist nicht 1992, taz 31.1.1992.
4 Es ist nichts vergessen, aber einiges ausgeheilt. Der Nationalsozialismus im Bewußtsein der deutschen Gegenwart, in: FAZ 24.1.1983, auch in: M. Broszat u. a. (Hg.), Deutschlands Weg in die Diktatur, S. 329 ff.
5 Vergangenheit ohne Ende?, in: FAZ 19.2.1992.
6 Zu einer anderen Deutung der westdeutschen Nachkriegsgeschichte vgl. etwa Norbert Elias, Gedanken über die Bundesrepublik, in: ders., Studien über die Deutschen, Frankfurt/M. 1989, S. 517 ff.
7 Das gilt zum Beispiel für das von Rainer Eppelmann vorgetragene Argument, die DDR-Staatsorgane hätten mit dem Paragraphen über die «Republikflucht» Grundsätze des internationalen Rechts verletzt. Es stimmt zwar, daß die DDR verschiedene völkerrechtliche Verträge unterzeichnete, die Freizügigkeit garantierten. Diese wurden jedoch, insbesondere was das Recht auf freie Ausreise anbelangt, nicht in innerstaatliches Recht transformiert. Zweifellos ist das ein politisch verwerflicher Vertragsbruch, für den das Völkerrecht indes keine Sanktionen kennt. Die DDR-Verfassung garantierte lediglich «das Recht auf Freizügigkeit innerhalb des Staatsgebietes» – und auch dies nur «im Rahmen der Gesetze».
8 Zitiert aus dem Abschiedsbrief des MdB Gerhard Riege an seine Frau, nach FR 21.2.1992
9 So der Titel eines Buches von Herbert Jäger, 1967 (Neuaufl. Frankfurt/M. 1982). Er unterschied am Beispiel der NS-Prozesse zwischen Exzeßtaten (individuelle Taten in kollektiven Ausnahmezuständen), Initiativtaten (deren Ausführung stärker auch von persönlichen Antrieben bestimmt war) und Befehlstaten (bei denen dem Individuum wenig Raum für eigenes Ermessen blieb). Befehlsnotstände und Unrechtsbewußtsein spielen hier eine wichtige Rolle. Vgl. auch grundlegend Hannah Arendt, Elemente und Ursprünge totaler Herrschaft, zuerst New York 1951.
10 Wir diskutieren hier nicht das Problem des Verhältnisses von Legalität und gesetzloser Willkür, also das widersprüchliche Ineinanderspielen von Normen- und Maßnahmestaat, wie es totalitärer Herrschaft eigen ist; vgl. Ernst Fraenkel, Der Doppelstaat (zuerst als The Dual State, New York 1941), Frankfurt/M.–Köln 1974.
11 Sich vom Zentrum der Macht ablenken zu lassen, hat übrigens Tradition: auch im Falle des Nationalsozialismus hat es sehr lange gedauert, bis man jenseits der Dämonisierung einzelner und der Banalität der vielen Bösen zum

politischen Kern des Führerstaates vorgedrungen ist, z. B. den Eliten des Reichssicherheitshauptamtes.

12 Siehe dazu «Schmutzige Altlasten im Osten Europas», taz 6.1.1992, wo insbesondere die polnische Praxis des «dicken Schlußstrichs» bemerkenswert ist.

13 Wir folgen hier dem jüngst erschienenen Sammelband über die Abrechnung mit Faschismus und Kollaboration nach dem Zweiten Weltkrieg, «Politische Säuberung in Europa», hrsg. von den Mitarbeitern des Instituts für Zeitgeschichte Klaus-Dieter Henke und Hans Wolter, München 1991.

14 Zur Verwendung juristischer Verfahrensmöglichkeiten zu Abrechnungszwecken siehe Otto Kirchheimer, Politische Justiz (zuerst: Princeton 1961), Frankfurt/M. 1981, S. 447 ff («Siegerprozesse gegen gestürzte Vorgänger»).

15 Alexander Molter (Universität Kiel) verdanken wir den Hinweis auf die in vieler Hinsicht beispielhafte – weil Sonderrecht und zivilisierte Rechtskultur verbindende – Praxis der dänischen Abrechnung nach 1945. Das Standardwerk von Ditlev Tamm, Retsopgøret efter besættelsen (Die justitielle Abrechnung nach der Besetzung), Kopenhagen 1984, liegt leider nicht in deutscher Übersetzung vor.

16 «Differenzierung tut not», in: taz 22.2.1992.

17 Vgl. die am Abend des 8.1.1992 im Deutschen Fernsehen vorgelegten Dokumente und Berichte des Theologen Heinz Eggert, daz auch taz 10.1.1992. Ähnliche Schlüsse kann man aus dem Bericht von Günter Fritzsch über seine Erlebnisse mit der Leipziger MfS-Behörde ziehen, FAZ 3.3.1992.

18 In diesem Zusammenhang stellt sich das Problem, ob und inwieweit Justizfunktionäre über das «Nadelöhr» der Rechtsbeugung strafrechtlich belangt werden können. Die *Waldheimer Prozesse* wurden 1950 binnen weniger Wochen gegen 3385 Menschen durchgeführt, die von der sowjetischen Besatzungsmacht den DDR-Behörden überstellt worden waren. 3308 Angeklagte wurden von den Sonderstrafkammern des Landgerichts Chemnitz verurteilt, davon 32 zum Tode, 24 wurden hingerichtet (vgl. die Dokumentation und Zeugenberichte in: Jan von Flocken/Michael Klonovsky, Stalins Lager in Deutschland 1945–1950, Berlin–Frankfurt/M. 1991 sowie Falco Werkentin, Scheinjustiz in der früheren DDR. Aus den Regierungsheften der «Waldheimer Prozesse», Kritische Justiz, Nr. 3, 1991). Derzeit ermitteln die sächsischen Strafverfolgungsbehörden gegen acht ehemalige DDR-Juristen. Der Erste Strafsenat des Bezirksgerichts Dresden hat in einem Kassationsverfahren mit Beschluß vom 28.10.1991 festgestellt, daß es sich bei den Waldheimer Prozessen nicht um Gerichtsverfahren, sondern um die menschenverachtende Durchsetzung politischer Ziele der damaligen Machthaber unter dem Deckmantel ordentlicher Gerichtsbarkeit gehandelt habe. – Die Probleme der Rechtsbeugung durch Justizpersonen können hier nicht diskutiert werden. Der Hinweis mag genügen, daß erstens die Rechtsprechung des Bundesge-

richtshofs in Nazi-Strafsachen außerordentlich restriktiv zugunsten der Täter-Kollegen urteilte, weshalb z. B. kein Mitglied des Volksgerichtshofs belangt wurde. Zum anderen hat es die bundesdeutsche Nachkriegsjustiz nicht vermocht, dem Volksgerichtshof Freislers den Charakter «ordentlicher Gerichtsbarkeit» abzusprechen (das holte der Bundestag 1985 hochsymbolisch nach); zum letzten Stand des Justizdebakels vgl. Gerd Denzel, Die Ermittlungsverfahren gegen Richter und Staatsanwälte am Volksgerichtshof seit 1979, Kritische Justiz, Nr. 1, 1991.
19 Vgl. Art. 18 des Einigungsvertrages, der allerdings die Möglichkeit einräumt, auf Antrag rechtskräftige Strafurteile im Wege der gerichtlichen Kassation aufheben zu lassen.
20 Nachdruck in: G. Radbruch, Rechtsphilosophie, 8. Aufl. Stuttgart 1973, S. 339 ff.
21 Sehr markant in einem Beschluß vom 14.2.1968 (amtliche Entscheidungssammlung des Bundesverfassungsgerichts, Bd. 23, S. 98 ff). Zur Radbruch-Formel Ralf Dreier, Recht und Moral, in: ders., Recht – Moral – Ideologie. Studien zur Rechtstheorie, Frankfurt/M. 1981, S. 180 ff, 188 ff.
22 Vgl. Hans Kelsens, Reine Rechtslehre (2. Aufl. 1960), Nachdruck: Wien 1976, vor allem den Anhang; instruktiv zur Diskussion Norbert Hoerster (Hg.), Recht und Moral. Texte zur Rechtsphilosophie, 2. Aufl., München 1980.
23 Vgl. Kelsen, Reine Rechtslehre, S. 71.
24 So bereits die Radbruch-Kritik von H. L. A. Hart, Der Positivismus und die Trennung von Recht und Moral, in: ders., Recht und Moral, Göttingen 1971, S. 14 ff, 39 ff.
25 Dazu instruktiv Andreas Zielcke, Gnade vor Recht?, Kritische Justiz, Nr. 4, 1990; Herbert Jäger, Individuelle Zurechnung kollektiven Verhaltens, in: ders., Makrokriminalität. Studien zur Kriminologie kollektiver Gewalt, Frankfurt/M. 1989, S. 132 ff.
26 Zitiert nach Dan Diner, Negative Symbiose, in: ders. (Hg.), Ist der Nationalsozialismus Geschichte?, Frankfurt/M. 1987, S. 185 ff, 187.
27 Dabei ist freilich noch nicht ausgemacht, ob dem nicht die «Ewigkeitsklausel» des Art. 79 Abs. 3 GG entgegensteht, wonach die Grundsätze des Art. 1 und 20 auch nicht im Wege der Verfassungsänderung aufgehoben werden dürfen. Das Rückwirkungsverbot könnte man immerhin als zentralen Bestandteil des Rechtsstaatsprinzips nach Art. 20 GG interpretieren. Spätestens bei Anwendung des Art. 146 GG (also dem Tätigwerden des gesamtdeutschen *«pouvoir constituant»*) wäre allerdings die partiell verfassungsdurchbrechende Setzung rückwirkenden Strafrechts möglich (ebenso, wie dies mit Art. 139 GG für das Entnazifizierungsrecht der Besatzungsmächte galt).
– Rückwirkendes Sonderrecht galt nach dem Krieg – im Unterschied zur Bundesrepublik – andernorts als legitimes (in seiner Problematik durchaus er-

kanntes) Mittel zur Abrechnung mit Kriegsverbrechern und Kollaborateuren, vgl. Henke/Wolter (Hg.), Politische Säuberung in Europa, Einleitung, S. 12 und 14. Das verkennt Lübbe, wenn er von der «Selbstverständlichkeit» spricht, «daß unter Bedingungen erneuerter Rechtsstaatlichkeit die Verfolgung von NS-Verbrechen – wenn anders man ein Sonderstrafrecht für diese Verbrechen nicht wollte und überdies aufs Rückwirkungsverbot sich verpflichtet wußte – an den normativen Rahmen eines Strafrechts... gebunden war, das auf fällige Aburteilung solcher politischer Verbrechen hin gar nicht konzipiert war» (a.a.O., S. 337).

28 Dazu grundlegend Ulrich K. Preuß, Revolution, Fortschritt und Verfassung. Zu einem neuen Verfassungsverständnis, Berlin 1990 (insbes. S. 59 ff).

29 Zur Kritik der westlichen Rechtsstaats-Routiniers Andreas Zielcke, Der Kälteschock des Rechtsstaats, FAZ (Beilage) 9.11.1991.

30 Vgl. den gleichnamigen Essayband von Hans Magnus Enzensberger (zuerst: 1964), Frankfurt/M. 1978.

31 Etwas anderes gilt für die Spione der DDR aus der Hauptabteilung Aufklärung des Stasi-Generals Markus Wolf: Soweit ihnen nicht Kapitalverbrechen wie Mord usf., sondern lediglich berufsbezogene Standardmaßnahmen, eben Spionage vorzuwerfen ist, sollten sie in den Genuß einer Amnestie kommen: Sie haben für ihren Arbeiter-und-Bauern-Staat nichts anderes getan, als unsere Spione im Namen der Freiheit. Also ein typischer Fall jener «teilungsbedingten Delikte», für die Egon Bahr unlängst eine Amnestie forderte (vgl. FAZ vom 17.2.1992). Das Berliner Kammergericht neigt in Sachen Spionage gleichfalls dieser Ansicht zu und hat im Wege eines sog. Vorlagebeschlusses die Karlsruher Verfassungsrichter mit der Beantwortung der damit verbundenen Rechtsfragen veranlaßt.

32 Vgl. Thilo Weichert, Überprüfung der öffentlichen Bediensteten in Ostdeutschland, Kritische Justiz, Nr. 4, 1991. Dies gilt nicht für den Fall der «PDS-Richterin» Cathrin Junge, der weniger den SED-Unrechtsstaat und seine Juristen betrifft, als Erinnerungen an die elende Berufsverbotspraxis der siebziger Jahre heraufbeschwört.

33 So Christian Meier, Vergangenheit ohne Ende?, FAZ 19.2.1992.

34 Vgl. taz vom 24.2.1992 sowie den kritischen Kommentar von Götz Aly («Berufene und Unberufene») in derselben Ausgabe; Friedrich Schorlemmer, Versöhnung kann es nur in der Wahrheit geben, FAZ 2.12.1991; Götz Aly, Schorlemmers Moral-Jury, taz 11.11.1991.

35 taz 11.2.1992.

36 Das war die wichtigste Lehre aus Hannah Arendts «Eichmann in Jerusalem» von 1964.

37 So der gleichnamige Aufsatz in dem Band: Hannah Arendt, Israel, Palästina und der Antisemitismus, Berlin 1991, S. 7 ff. Arendt weist die notorische Berufung der großen und kleinen Befehlsempfänger auf ihre Pflicht zum Ge-

horsam kategorisch zurück: Sie seien schließlich keine Kinder oder Sklaven, sondern erwachsene Menschen. «Folglich sollten diejenigen, die mitmachten und Befehlen gehorchten, nie gefragt werden: ‹Warum hast Du gehorcht?› sondern: ‹Warum hast Du Unterstützung geleistet?›» – «Der Grund also», so Arendt weiter, «warum wir diese neuen Verbrecher... für das, was sie taten, verantwortlich machen, liegt darin, daß es in politischen und moralischen Angelegenheiten so etwas wie Gehorsam nicht gibt» (a.a.O., S. 38). – Daß es gilt, auch die Debatte über «persönliche Verantwortung» *in der Demokratie* zu führen, steht auf einem anderen Blatt.

38 Vgl. seine Interviews in: Süddeutsche Zeitung vom 17.2.1992, S. 32, und Wochenpost Nr. 10/27.2.1992, S. 11. Diese Intervention verdeutlicht wieder die Besonderheiten des «Postsozialismus» in Deutschland.

39 «Während diese Debatte geführt wird, gelingt es gleichzeitig, Parlamentarier, Amtsleiter und andere, die früher als Mitarbeiter des MfS tätig waren, aus führenden Positionen zu entfernen», so Joachim Gauck kritisch zur Medien-Rezeption der von ihm geleiteten Behörde im taz-Interview vom 22.2.1992; zur Frage der Offenlegung der Akten vgl. Joachim Gauck, Die Stasi-Akten. Das unheimliche Erbe der DDR, Reinbek bei Hamburg 1991, S. 89 ff. Vgl. auch die zehn Thesen ostdeutscher Politiker und Bürgerrechtler zum Umgang mit den Stasi-Akten, Spiegel 11/1992, S. 32 f.

40 FAZ 29.2.1992.

41 Friedrich Karl Fromme, Schuldig waren wenige, FAZ 5.3.1992.

42 So Henke zur Integration der nationalsozialistischen Mitläufer in seinem Aufsatz «Die Trennung vom Nationalsozialismus», in: ders./Wolter (Hg.), Politische Säuberung in Europa, S. 21 ff, 65.

43 In Abwandlung des bekannten Diktums von Th. W. Adorno «zur Frage neonazistischer Organisationen», vgl. «Was bedeutet: Aufarbeitung der Vergangenheit?», in: ders., Eingriffe. Neun kritische Modelle, 8. Aufl., Frankfurt/M. 1974, S. 125 ff.

Henryk M. Broder
Der betörende Charme der Diktatur

Meine erste Begegnung der heimlichen Art mit der DDR hatte ich, als ich 16 oder 17 Jahre alt war. Ich schrieb für die Schülerzeitung an meinem Gymnasium einen Artikel, in dem ich mich über die damals geltende Sprachregelung lustig machte, von «sogenannter DDR» bzw. «DDR» bzw. SBZ zu sprechen, wenn die Deutsche Demokratische Republik gemeint war. Die Empörung, die über diesen Frevel daraufhin im Lehrerkollegium ausbrach, endete nur deswegen nicht tragisch, weil es ziemlich ungut ausgesehen hätte, den einzigen jüdischen Schüler wegen einer politischen Meinungsäußerung von der Schule zu weisen. Jeder andere Mitschüler wäre gemaßregelt worden.

Bald darauf bekam ich eine Vorladung vom 14. Kommissariat, der politischen Polizei. Die hatte nicht, wie ich vorschnell annahm, etwas mit meinem Artikel zu tun, sondern eine andere, wenn auch verwandte Ursache: Ich hatte in der DDR einige Broschüren bestellt, die offenbar zwischen der Zonengrenze und dem Kölner Hauptpostamt abgefangen worden waren und den Verdacht einer strafbaren Handlung gegen mich begründeten.

So wurde ich für eine kurze Zeit zu einem DDR-Fan. Ich sprach nur noch von der Deutschen Demokratischen Republik, ohne «sogenannte» davor und Anführungszeichen drumherum, und zugleich von der «sogenannten BRD», wo man zu einem Verhör bei der Polizei geladen wurde, wenn man sich über das andere Deutschland informieren wollte. Hätte mich zu dieser Zeit ein Mitarbeiter des Ministeriums für Staatssicherheit angesprochen, wäre ich ohne zu zögern ein IM geworden. Und ich hätte alle Geheimnisse, die ich wußte, bereitwillig nach drüben verraten, angefangen vom Stundenplan der Obersekunda am Hansa-Gymnasium bis zu den Öffnungszeiten der Bibliothek im Amerika-Haus.

Allerdings hörte meine Begeisterung für den ersten deutschen Arbeiter-und-Bauern-Staat nach dem ersten Lokaltermin abrupt auf. Ein Besuch in Ost-Berlin, den ich bald nach dem Abitur unternahm, machte der Schwärmerei ein Ende. Die widerlichen Schikanen bei der Ein- und Ausreise, die kompromißlose Unfreundlichkeit der Polizisten, Kellner und Busfahrer, sobald sie einen als Westler identifiziert hatten, die allgegenwärtigen Propagandaparolen, die eine Wirklichkeit suggerierten, die es nicht gab, hatten eine ernüchternde Wirkung. Das «Neue Deutschland» mit seiner geisttötenden Rhetorik und das Fernsehen der DDR mit seinem komischen Personenkult besorgten den Rest. So mies das System in der Bundesrepublik auch war, mit all der «repressiven Toleranz», dem «Konsumterror» und dem «falschen Bewußtsein» seiner Protagonisten – das hier konnte keine Alternative sein.

Die DDR wurde für mich ein fernes, exotisches Land, das mich nicht interessierte, dessen Politik mich nicht anging. Bei Autofahrten nach Berlin achtete ich darauf, die Höchstgeschwindigkeit von 100 Stundenkilometern nicht zu überschreiten. Sobald ich den Kontrollpunkt erreicht hatte, atmete ich auf und gab Gas. Erst als die Entspannungspolitik Wirkung zeigte, rückte die SED-Republik wieder in mein Blickfeld. Zuerst wurde Willy Brandt wie ein Volksheld in Erfurt umjubelt, später Erich Honecker wie ein Staatsgast in Bonn empfangen. Ich schaute mir die deutsch-deutsche Annäherung im Fernsehen an und dachte: Eigentlich bist du für diese Ereignisse mitverantwortlich. Hättest du damals nicht DDR ohne Anführungszeichen geschrieben und hätten ein paar andere die gültigen Spielregeln nicht ebenso verletzt, wären die jetzt nicht soweit, würde Honecker nicht mit allen protokollarischen Ehren die De-facto-Anerkennung seiner DDR durch den Klassenfeind zelebrieren können. Jeder Dammbruch, dachte ich, fängt mit winzigen Haarrissen an.

Ich hätte es mit diesem recht distanzierten Verhältnis zur deutsch-deutschen Geschichte bewenden lassen, wenn die DDR nicht plötzlich angefangen hätte, sich um Kontakte zu bemühen, denen sie bis dato nicht penibel genug aus dem Weg gehen konnte. Im Juni 1986 wurde auf Vermittlung der Friedrich-Naumann-Stiftung eine Gruppe israelischer Autoren zu einem Besuch beim Schriftstellerverband der DDR eingeladen. Da ich gerade in Berlin zu tun hatte, kam ich einfach mit. An der Grenze gab es Komplikationen, weil einige Israelis den falschen Übergang genommen hatten; andere konnten das Haus des Schriftstellerverbandes nicht finden und kamen deshalb zu spät. Wir wurden von einer Mitarbeiterin in Empfang genommen, die schon ziemlich nervös war, weil der Zeitplan durcheinanderzugeraten drohte. Um die Situation ein wenig zu entspannen, machte ich einen harmlosen Scherz: «Heute gab es ein gesamtdeutsches Chaos», worauf sie mich strafend anschaute und fragte: «Wollen Sie mich provozieren?»

Nach der Begrüßung durch Hermann Kant, dem Präsidenten des DDR-Schriftstellerverbandes, wurden die Gäste aus Israel aufgefordert, Fragen zu stellen. Es lag eine klamme Verlegenheit im Raum, wie bei einem *blind date*, dessen Teilnehmer nicht wissen, worüber sie miteinander reden sollen. Jetzt müßte man, dachte ich, nach den Bürgerrechten in der DDR fragen, nach den Schriftstellern, die aus der DDR rausgeekelt wurden und nach denjenigen, die nicht veröffentlichen dürfen. Wir Ausländer konnten uns Ungehörigkeiten erlauben, die einem DDR-Bürger versagt waren. Aber niemand traute sich, das «gemütliche Beisammensein» (Kant) mit frechen Fragen zu stören. Nach einer quälend langen Schweigepause meldete sich schließlich Joshua Sobol («Ghetto») zu Wort. «Welchen Anteil haben zeitgenössische Stücke am Repertoire der DDR-Bühnen? Wie groß ist der Anteil der Klassiker?» Als nächster stand A. B. Yehoshua («Der Liebhaber») auf und berichtete von seinen gemischten Gefühlen beim Besuch der ehemaligen Hauptstadt des Deutschen Reiches. Sowohl Sobol wie Yehoshua gehören in Israel zu den Mutigen im Lande, sie genieren sich nicht, auf den Tisch zu schlagen und genau die Fragen zu stellen, die andere nicht hören wollen. In Ost-Berlin führten sie sich plötzlich wie Musterschüler auf, die den Klassenlehrer nicht reizen wollten. Und mehr als das: Nachdem der Knesset-Abgeordnete Mordechai Virshubsky, Cordelia Edvardson und ich doch noch ein paar belanglose Fragen zum Verhältnis DDR–Israel gestellt hatten, stand Joshua Sobol auf und entschuldigte sich für den dadurch provozierten Mißklang: Er bedaure, daß die Diskussion politisch werde, man solle sich doch besser nur über Kultur unterhalten.

Weitere Mißtöne konnten im Vorfeld unterbunden werden. Als der Lyriker Asher Reich wissen wollte, warum nur ein paar Funktionäre des Schriftstellerverbandes anwesend wären und nicht die uns versprochenen Dichter wie Christa Wolf oder Stefan Heym, ob die vielleicht im Gefängnis säßen, rettete der Dolmetscher die Situation. Ob denn die

Dichter «noch unterwegs» wären, übersetzte er, eine Frage, mit der die DDR-Gastgeber nichts anfangen konnten. So tauschte man Gemeinplätze und Höflichkeiten aus, die der historischen Bedeutung des Moments, dem ersten Treffen israelischer und DDR-Autoren, angemessen waren.

Ich habe an dieses seltsame Treffen in Berlin, Hauptstadt der DDR, noch oft denken müssen. Was war denn los, daß wir es nicht wagten, unsere Meinung zu sagen und Hermann Kant das Feld überließen? Warum knickten kluge und wortgewandte Autoren wie Sobol und Yehoshua von sich aus ein, ohne daß die geringste Not dazu bestand? Warum habe ich Hermann Kant nicht den antizionistischen Dreck vorgehalten, der zu dieser Zeit in der DDR über Israel verbreitet wurde? Waren wir alle von seinem autoritären Charme benommen? Wollten wir uns nicht wie Störenfriede benehmen? Was hätten wir denn riskiert, wenn wir uns richtig und nicht höflich verhalten hätten? Es ging sicher nicht darum, Vorsorge für die nächste Einladung zu treffen, es war etwas anderes: Eine Nachfrage nach den Schriftstellern, die wegen ihrer Opposition gemaßregelt wurden, hätte uns nicht wie im Westen als kritische Geister ausgewiesen, sondern als die letzten Kalten Krieger, die dem aggressiven Imperialismus zuarbeiteten, aus Fahrlässigkeit, Dummheit oder Überzeugung. Mit Gerhard Löwenthal und Enno von Löwenstern in einem Punkt einer Meinung zu sein, wäre uns dermaßen peinlich gewesen, daß wir aus Angst vor falschen Allianzen einen richtigen Gedanken unterdrückten. Und dahinter steckte die Überzeugung, daß die DDR-Oppositionellen es nicht wert waren, daß wir uns zu viele Gedanken über sie machten. Ja, wären sie nur Unterdrückte in Südafrika, Timor oder Honduras, unser Mitgefühl und unsere Solidarität wären ihnen sicher gewesen.

Bald darauf lernte ich in Israel ein paar Juden aus der DDR kennen, die an einer Tagung des Jüdischen Weltkongresses teilnahmen. Für die israelischen Medien war dies eine Sensation, die Delegierten aus der DDR wurden wie Exoten bestaunt und herumgereicht. Auf einmal wurde den Israelis bewußt, daß es außer der Bundesrepublik noch einen zweiten deutschen Staat gab. Eine Teilnehmerin der DDR-Delegation lud mich zu einem Vortrag in die Ostberliner jüdische Gemeinde ein. Ich sollte mich melden, wenn ich das nächste Mal in Berlin zu tun hätte. Das fand ich irgendwie schick und ziemlich exotisch. Ein Problem war nur, daß Veranstaltungen dieser Art von der jüdischen Gemeinde zwei Monate im voraus beim Sekretariat für Kirchenfragen angemeldet werden mußten. So wurde mein Auftritt, als ich in Berlin eintraf, kurzerhand in eine private Wohnung verlegt. Bei den rund 30 Anwesenden handelte es sich vor allem um Journalisten, Regisseure, Lektoren, Angehörige der DDR-Kulturelite, keine Regime-Gegner, aber durchweg Menschen mit einer kritischen Grundeinstellung zum System. Es war kein geheimes Treffen, keine konspirative Versammlung, und dennoch schwebte der Hauch des Illegalen im Raum. Ich weiß nicht mehr, worüber ich gesprochen habe und wonach ich gefragt wurde, ich weiß nur noch, daß ich das Ganze ziemlich aufregend fand und in einer aufgekratzten, fast überdrehten Stimmung am späten Abend wieder nach West-Berlin zurückfuhr. Erst nach der üblichen Kontrolle am Checkpoint Charlie, nachdem die Grenzwächter im Handschuhfach und hinter den Rücksitzen meines gemieteten VW-Polo nach Republikflüchtlingen gesucht hatten, wurde mir die Absurdität des Vorgangs bewußt. Plötzlich fand ich meinen kurzen Ausflug nach Ost-Berlin, in die private Idylle einer Versammlung von Intellektuellen, weder schick noch exotisch, nicht einmal aufregend, nur noch schäbig und peinlich. Das also war die Realität der vielgerühmten «Nischengesellschaft», in der viele westdeutsche Kopfmenschen das fanden, was sie auf ihrer Seite der Mauer am meisten vermißten: menschliche Wärme, ein diffuses Gefühl von Zusammengehörigkeit, wie es sich auch in einem vollbesetzten Zugabteil entwickelt, wenn es lange genug nicht gelüftet wird.

Nun ist die DDR mit all ihren «Nischen» dahin, und je länger ihr ebenso unverhoffter wie verdienter Exitus zurückliegt, um so mehr bestimmt die Parole «De mortuis nihil nisi bene» den Grundton der Erinnerungen. Immer mehr Zeitzeugen tauchen auf, die mit glänzenden Augen und großen Gesten erzählen, was für wichtige Erfahrungen sie in der DDR gemacht haben und daß sie diese um keinen Preis missen möchten. Täglich erscheinen in durchaus ernst zu nehmenden Zeitungen Nachrufe auf die DDR, werden öffentliche Reden gehalten, in denen «differenziert» und «relativiert», vor «unzulässigen Vergleichen» gewarnt wird. Es werden die Opfer zur Mäßigung aufgerufen, die Täter zu Mitläufern degradiert und «die Medien» für den Dreck verantwortlich gemacht, den das alte Regime hinterlassen hat. All das hat es in diesem Land schon einmal gegeben. Dies mag ein weiterer der «unzulässigen» Vergleiche sein: Der erste Versuch, mit dem Erbe eines totalitären Regimes fertig zu werden, war von ähnlichen Windungen begleitet, damals waren es die «Siegerjustiz» und die «Lizenzpresse», die von der Vox populi als die Verderber der Sitten und des Klimas angepeilt wurden. Und war es in den fünfziger und sechziger Jahren die entwurzelte nationale Rechte, die sich verzweifelt dagegen wehrte, nach dem politischen und militärischen Zusammenbruch auch die moralische Niederlage zu akzeptieren, wozu dann auch der Kampf gegen die «Sechs-Millionen-Lüge» gehörte, so ist es heute die obdachlose Linke, der im wahrsten Sinne des Wortes das Haus über dem Kopf zusammengekracht ist und die nun in den Trümmern nach irgendwelchen vorzeigbaren und wiederverwendbaren Bruchstücken ihrer verlorenen Identität sucht. Selbst jene, die von der DDR nicht allzuviel gehalten haben, können sich nun einen nostalgischen Seufzer nicht verkneifen. Eine DDR, über die sie lästern konnten, war ihnen immer noch lieber als gar keine. Und im übrigen, tönt es derzeit von allen Seiten, dürfe der Zusammenbruch des Sozialismus nicht zu einem Triumph des Kapitalismus werden.

Ich lese, höre und staune. Offenbar ist die Zahl der guten Menschen, die eine gespaltene Existenz geführt haben, größer als angenommen. Mit dem Hintern waren sie hier, mit dem Herzen dort. Vom Logenplatz im komfortablen Interlübke-Salon konnte der Verlauf des sozialistischen Experiments wie eine Varieté-Vorstellung verfolgt werden. Nun ist die Schau vorbei, aber statt nach Hause und in sich zu gehen, beschwert sich das Publikum über den vorzeitigen Abbruch der Vorstellung. Wie ein Groschenheft-Leser, der mit dem Roman den Anspruch auf ein Happy-End erworben hat, will auch die Gemeinde der DDR-Fans von ihren Illusionen nicht lassen. Wie kommt's? Warum tun sich Teile der linken Intelligenz so schwer mit dem Abschied von der DDR? Warum war die Linke in der Bundesrepublik über das Ende der DDR, von wenigen Ausnahmen abgesehen, nicht erleichtert, sondern geschockt? Was war an der DDR so sexy, so geil, so irre?

Die Gründe dafür dürften in der Grauzone zwischen politischer Psychologie und individuellem Frust liegen. Für Westler war die DDR eine Art Abenteuerspielplatz. Es war etwas Besonderes, «drüben» eine Affäre zu haben oder die dumpfen Grenzer zu überlisten, gegen alle

Bestimmungen ein rororo aktuell oder zwei Ausgaben der *taz* reinzuschmuggeln. Jenseits der Grenze sah es aus wie in einem Roman von John LeCarré, man konnte den *thrill* genießen, weil man ihm nicht wirklich ausgesetzt war. Schon ein Blick über die Mauer, vom Podest am Potsdamer Platz oder an der Bernauer Straße, war mit einem inneren Schauer verbunden. Drüben lebten welche! Der Besucher mit dem Tagesvisum für Ost-Berlin gruselte sich genußvoll, um anschließend in der Westberliner Paris Bar den schlechten Nachgeschmack mit einem Chablis herunterzuspülen. Die DDR war auch eine Möglichkeit, ins Ausland zu fahren, ohne Deutschland zu verlassen. Auch dieser Widerspruch hatte seinen sinnlichen Reiz, deswegen waren die Jobs bei der «Ständigen Vertretung» der BRD in Ost-Berlin überaus begehrt.

Der zweite Grund dürfte ein wenig subtiler sein. Die deutschen Intellektuellen haben schon immer unter einem Mangel an Anerkennung gelitten, kein Politiker seit Bismarck, der sich über sie nicht lustig gemacht hätte. So was bleibt nicht ohne Folgen fürs Gemüt. Nichts hat die deutschen Kopfarbeiter so anhaltend und so tief verletzt wie das Erhard-Wort von den «Pinschern, Uhus und Banausen». Seitdem bemühen sie sich ebenso verzweifelt wie vergeblich, die Politiker von ihrer Bedeutung zu überzeugen, machen bei Wahlkämpfen mit, lassen sich zu Sitzstreiks vor Kasernen nieder und drohen den Herrschenden immerzu mit Konsequenzen, zu deren Durchsetzung ihnen die Mittel fehlen.

Ganz anders dagegen war die Lage der Intellektuellen, vor allem der Schriftsteller, in der alten DDR. Ob sie verfolgt oder gefördert, verboten oder veröffentlicht wurden, sie wurden in jedem Fall ernst genommen. Die DDR behandelte die Kopfarbeiter mit dem Respekt, der ihnen im Westen versagt blieb. Verglichen mit der Bedeutung, die Hermann Kant in der DDR genoß, war der Vorsitzende des westdeutschen Schriftstellerverbandes nicht einmal ein Pförtner am Eingang zum Literaturbetrieb. Kein Wunder, daß die West-Poeten neidisch zu den Kollegen im Osten rüberschauten und auf Abhilfe sannen, um den Standortnachteil auszugleichen. Ganz in die DDR zu ziehen, wäre nicht kommod gewesen, statt dessen wurden «Friedenskonferenzen» und andere Joint-venture-Projekte mit dem Schriftstellerverband der DDR organisiert, Sandkastenspiele mit geopolitischem Anspruch, die der Entspannung und der Sicherung des Friedens dienen sollten. Dies war eine Aufgabe, deren Größe dem Selbstwertgefühl der Akteure entsprach. So wurde die deutsch-deutsche Annäherung zum bevorzugten *hangout* vieler Wichtigtuer, die sich nun optimal selbst verwirklichen konnten. Ein Unterschied freilich blieb bestehen und war nicht einzuebnen. Während die ostdeutschen Schriftsteller namens und im Auftrag ihrer Regierung handelten, waren die westdeutschen auf eigene Rechnung unterwegs. Daß sie gelegentlich auf der Diplomatenspur ohne Grenzkontrolle einreisen durften, war ein kleines Trostpflaster für das fehlende Regierungsmandat.

So war die Existenz der DDR, noch bevor sie von westdeutschen Gebrauchtwagenhändlern als Absatzmarkt entdeckt wurde, für die westdeutschen Schriftsteller mit politischen Ambitionen eine überaus nützliche Sache – und bleibt es bis heute. Auf die Frage, warum er sich im Jahre 1984 in die Staatsakademie der DDR hat wählen lassen, antwortete Walter Jens in einem *Spiegel*-Interview: «Ich habe mich als Brückenbauer verstanden, der von seinem Standpunkt nicht läßt, die Vorstellungen des anderen zu verstehen, und der sie eventuell zu widerlegen sucht.» – 1984 herrschte in der DDR tiefste Eiszeit. Aufmüpfige Bürger, die Ausreiseanträge stellten, wurden unter Vorwänden verhaftet und zu hohen Freiheitsstrafen verurteilt. Woher nahm Walter Jens die an Selbstüberschätzung grenzende Zuversicht, er würde als Brückenbauer die Verhältnisse in der DDR irgendwie beeinflussen können? Und welche Vorstellungen «der anderen» hat er verstanden und zu widerlegen versucht, ohne von seinem Standpunkt zu lassen?

So werden Legenden kreiert und Mythen in die Welt gesetzt, wo es eigentlich nur darum geht, daß Dichter, statt durch ihre Arbeit politisch zu wirken, anfangen Politik zu spielen. Da werden Wortschmiede nachträglich zu Brückenbauern und Kaffeehausbesucher zu Grenzüberwindern; Selbsterhöhung allerorten. Zu den Mythen und Legenden gehören auch Verschwörungstheorien, wie die, die der Präsident des westdeutschen PEN-Zentrums Gert Heidenreich in einem Interview mit der *Süddeutschen Zeitung* aufgestellt hat. Er habe den Eindruck, «hier wird auf der Stasi-Schiene versucht, mit der kritischen Literatur der Bundesrepublik nachträglich abzurechnen». Ganz abgesehen davon, daß Abrechnungen immer nachträglich erfolgen, kann dieser Satz, wörtlich genommen, nur bedeuten, daß die kritische Literatur der Bundesrepublik ein Produkt der Stasi war. Dies kann Heidenreich aber nicht gemeint haben. Von ähnlicher innerer Konsistenz war eine Erklärung, die Heidenreich im Namen des PEN-Präsidiums abgegeben hat. Es gehe um die Chance, «mit der eigenen Vergangenheit offener, ehrlicher, kritischer, schließlich auch barmherziger umzugehen als in den Jahren nach 45 ...» – So bleibt es den Lesern überlassen, darüber zu entscheiden, ob es Heidenreich darum geht, die unbarmherzige Behandlung der Nazis nach 45 zu beklagen oder Barmherzigkeit für die Stasi heute einzuklagen.

Solchen kryptischen Überlegungen fügt Günter Grass eine weitere hinzu; es werde derzeit in der Bundesrepublik versucht, «die nicht bewältigte Nazi-Vergangenheit auf dem Rücken der DDR-Bürger auszutragen». Was vermutlich heißen soll, die DDR-Bürger werden jetzt dafür verprügelt, daß die BRD-Bürger mit ihrer Nazi-Vergangenheit nicht aufgeräumt haben. Oder: Versäumnisse wie die von 45 sollen 92 nicht wiederholt werden. Selbst wenn es so wäre, was wäre verkehrt daran? Man könnte sagen, die Deutschen haben aus ihrer Geschichte gelernt und wollen den Kardinalfehler der Bonner Republik nicht noch einmal begehen. Wäre das nicht ein Zeichen für die politische Reife einer Nation, von der es immer wieder heißt, sie habe ihre demokratische Bewährungsprobe noch nicht bestanden?

Grass dagegen scheint der alten Artistenregel den Vorzug zu geben: Mach ich einen Fehler, mach ich gleich einen zweiten hinterher, dann sieht es nach Methode aus. Weil nach 45 nicht bewältigt wurde, soll 92 auch nicht bewältigt werden; warum sollen die Stasi schlechter behandelt werden als die Nazis?

In einer Gesellschaft, die zwischen Amnesie und Amnestie nicht unterscheiden kann, bekommt auch der hessische Ministerpräsident Hans Eichel eine Chance, öffentlich zu bezeugen, daß man aus Erfahrung auch dümmer werden kann. «Wir haben die Geschichte überhaupt nicht begriffen, wenn wir die Aufzeichnungen eines diktatorischen Regimes plötzlich als die Quelle der Wahrheit verstehen.» Setzen, Hans! Ungenügend! Und bei der nächsten Sitzung des SPD-Bezirks Buchschlag-Dreieich denken wir gemeinsam darüber nach, ob bei den Nürnberger Prozessen die Akten des Reichssicherheitshauptamtes verwendet werden durften, handelte es sich doch eindeutig um die Aufzeichnungen eines diktatorischen Regimes.

Erstaunlicherweise wurde die innere Glaubwürdigkeit und vertragliche Verläßlichkeit des «diktatorischen Regimes» in der DDR so lange nicht in Zweifel gezogen, wie dieses System funktionierte und man mit ihm Geschäfte machen konnte. Da wurden Häftlinge freigekauft und Kreditabkommen geschlossen, da gab es Abmachungen und Regelungen über Reiseverkehr und Kulturaustausch, ohne daß man sich vom Wesen des «diktatorischen Regimes» stören ließ. Für eine große Anzahl bundesdeutscher Politiker und Funktionäre war die DDR so etwas wie Indien für die Kolonialbeamten Ihrer Majestät, der Königin von England. East of Aden hatten sie die beste Zeit ihres Lebens. Das Ende des britischen Kolonialreichs hat sie mit ihren Erinnerungen allein gelassen. Dasselbe gilt nun für einen Teil der westdeutschen politischen Elite, die ihre Biographie mit der Existenz der DDR verknüpft hat.

Niemand freilich geht in seiner nostalgischen Verehrung der DDR so weit wie Günter Gaus, von 1973 bis 1981 erster Leiter der Ständigen Vertretung der BRD in der DDR, also Bonns Botschafter in Ost-Berlin. Gaus, der das Verschwinden der DDR als einen persönlichen Verlust erlitt, hat einen Begriff erfunden, der es an Originalität mit dem Glanzstück der DDR-Propaganda, dem «antifaschistischen Schutzwall» aufnehmen kann. Er spricht von einem «totalitären Antikommunismus», der von einer «Geistesfraktion» betrieben wird, «die sich keineswegs nur im Geistigen bewegt». Von dieser Fraktion wendet sich Gaus angewidert ab, um sich eine schöne Erinnerung nicht vermiesen zu lassen. In der DDR konnten «privates Glück wie privates Unglück ihren Vorrang für die allermeisten Menschen ungeachtet der Stasi-Präsenz behaupten».

Wie wahr. Es gibt Einsichten, die nicht verschwiegen werden dürfen. Und totalitäre Platitüden, die jede Katastrophe überstehen.

Chaim Noll
Treue um Treue

Linke Gefühlslagen und die literarische Beschwörung der besseren DDR

Zu den wenigen wirklich nachhaltigen Erfolgen des Staates DDR gehörte die immense tiefenpsychologische Wirkung der DDR-Literatur seit Beginn der siebziger Jahre: auf keinem Gebiet, vom Leistungssport abgesehen, ist diesem Staat eine ähnlich erfolgreiche Selbstdarstellung gelungen. Der Vorgang, daß eine Literatur so dauerhaft zur Akzeptation eines politischen Systems beiträgt, sogar über seinen Zusammenbruch hinaus ein die grundlegenden Ideen dieses Systems legitimierendes Nachleben führt, ist selten in der Literaturgeschichte. Zunächst verwundert den Außenstehenden die hartnäckige Treue, in der führende DDR-Schriftsteller ihrem fallierten Staat anhängen, zum anderen die Bereitschaft vieler westdeutscher, vorwiegend linker Rezipienten, darin immer noch ein Positivum, womöglich eine «Hoffnung» zu sehen. Indessen hat dieses Zusammenwirken von DDR-Literatur und westdeutscher Rezeption eine lange Vorgeschichte.

Wie sich zeigte, galt die gesamtdeutsche Bereitschaft, staatstreue DDR-Literatur zu affirmieren, einmal der Eigenschaft «Treue» als solcher, die moralisch höher bewertet wurde als der «Verrat» der Emigranten und Ausgebürgerten – insoweit ist es ein traditionell deutsches Phänomen. Es gibt keine zweite Nation in Europa, die aus ihrer Geschichte heraus die Anhänglichkeit an gestrige Kollektiv-Muster – selbst an verfehlte – dermaßen zum Fetisch erhoben hätte und die andererseits jedem «Renegaten» eine so atavistische Furcht entgegenbringen würde. Vor zweitausend Jahren schrieb Tacitus über diese ihm unbegreifliche Mentalität: «Es ist Hartnäckigkeit an verkehrter Stelle, sie selbst nennen es Treue.»[1]

Des weiteren war die Hinnahmebereitschaft der westdeutschen Linken für die Botschaft der DDR-Literatur darin begründet, den «Sozialismus» als eine Heilslehre anzusehen. In Wahrheit hat die über zwei Jahrzehnte beschworene Formel, die DDR sei eine «deutsche Alternative», den Sachverhalt noch untertrieben: es ging um ein neues Evangelium, eben um das vom «Sozialismus auf deutschem Boden». Nachdem die kollektiven Identitäten der Väter gescheitert waren, sollten sie nicht nur abgelehnt, sondern durch eine neue, «bessere», diesmal fraglos «fortschrittliche» Selbstfindung überboten werden. Der 68er-Generation in der Bundesrepublik war das «Linkssein» indessen weniger eine geistige Kultur des Kritischen als ein neuerlicher Gruppen-Komment. Für diese traurige Tatsache sprechen die Erbarmungslosigkeit der Positionsbestimmungen, der erklärten und durch «Treue» bewiesenen Zugehörigkeiten, der Rigorismus der Feindbilder und das eilfertige Abstempeln jeder Mittler- oder Außenseiterposition als letztlich dem verteufelten gegnerischen Lager zugehörig. Wer sich nicht eindeutig in dieses Schema fügen wollte, mußte «rechts», «reaktionär» oder Schlimmeres sein: Die 68er erwiesen sich in ihrer Mehrheit, was grundlegende Denkstrukturen, was verhärtete Zustimmungs- und Ablehnungsmuster betraf, ihren Vätern viel verwandter, als sie meinten.[2]

Ein kritischer Impetus gegenüber etablierten, in diesem Fall kapitalistisch-pluralistischen, von Herzen als fremd und «amerikanisch» empfundenen Strukturen war nicht denkbar ohne eine neue, möglichst national beheimatete Frohbotschaft und Glücksverheißung. Offensichtlich können deutsche Intellektuelle ein Gruppenego nur dann finden, wenn sie das Kritische, das sie insgeheim fürchten, anderswo durch eine Zustimmungshaltung ausgleichen, die zu neuerlicher, das «Positive» beschwörender, die Gruppe in einer Kult-Haltung einender Begeisterung führt. Die an Anbetung grenzende Zustimmung etwa, die den Büchern der DDR-Schriftstellerin Christa Wolf galt, wäre sonst nicht zu erklären. Östlich der Mauer entwickele sich, so wurde jedenfalls von dort über Jahrzehnte hartnäckig behauptet, das «neue», «lichtvolle», «bessere» Deutschland, und anhängliche DDR-Literaten wie Christa Wolf waren die Figuren, in denen sich das Wunschbild verkörperte.

Christa Wolf hatte schon 1964 in ihrer Erzählung «Der geteilte Himmel» die Berliner Mauer mit Hilfe einer deutschen Intellektuellen schmeichelnden Verzichts- und Duldungshaltung legitimiert, sie fand auch später immer wieder Töne, um den «Sozialismus auf deutschem Boden», mitsamt Zuchthäusern, Schießbefehl und eklatanten Menschenrechtsverletzungen, literarisch zu erhöhen. Noch der Appell «Für unser Land», ein letzter Versuch, nach dem Fall der Berliner Mauer die Frohbotschaft zu retten, war maßgeblich von ihr initiiert.[3] Im folgenden soll kurz umrissen werden, worin die nachhaltige, Gemeinschaft stiftende, annähernd mystische Wirkung der DDR-Literatur auf westdeutsche Intellektuelle bestand, wieweit es den wortführenden DDR-Schriftstellern und dem hinter ihnen stehenden Apparat gelang, die literarische Szene der Bundesrepublik hinnahmebereit werden zu lassen, wie dazu westdeutsche Institutionen, vor allem der Autorenverband VS, benutzt wurden und schließlich, ob nicht der westdeutsche, inzwischen gesamtdeutsche «Literaturbetrieb» bis heute im Bann dieser Prägungen agiert.

1. «Antifaschismus» als Entree

Eine mentale Annäherung zwischen DDR-Literatur und westdeutschen Rezipienten der Linken wurde erst möglich, nachdem die DDR-Kulturpolitik ihre stalinistische Frühphase überwunden hatte, also die parteipolitische Linie der Ägide Walter Ulbricht mit ihrem sturen Apodikt vom «sozialistischen Realismus», vom «Helden», vom «Typischen» und vom heroischen «Aufbau», im Speziellen vom «Bitterfelder Weg».[4] Dieses Bild von der Rolle der Literatur im Sozialismus wurde im wesentlichen aus Shdanows Vorgabe aus dem Jahre 1934 abgeleitet[5], doch Ulbrichts und seiner Kulturpolitiker Forderung übertraf Shdanow insofern, als sie jegliche Individualität ausmerzen – ein «sozialistischer Held» ist immer noch eine Einzelfigur – und an ihrer Stelle gleich eine «sozialistische Menschengemeinschaft» als literarischen Gegenstand sehen wollten.[6] Es ist dies nur eines von vielen Beispielen, wie der Übereifer deutscher Kommunisten die moskowitische Vorgabe bis ins eindeutig Absurde übertrieb. Das Wort «Gemeinschaft» war indessen nicht falsch berechnet, wenn man deutsche Gefühlslagen im Auge hatte, doch war Ulbricht nicht der Mann, diesen Gedanken gesamtdeutsch auszuführen. Mit Seitenblick auf das andere Deutschland erklärte er noch 1971, das Menschenbild einer solchen Konzeption von Gemeinschaft habe «weit über das alte humanistische Ideal hinaus» zu gehen[7], ein weiterer Superlativ, diesmal ein innerdeutsch und deutschhistorisch gemeinter. Das Totalitäre trat offenherzig zutage, als programmatische Feindseligkeit gegen das «Individuelle» und «Subjektive»: Insgesamt war das Muster, ob nun sowjetisch inspiriert oder deutsch übersteigert, kaum geeignet, auf westliche Leser Eindruck zu machen.

Parteipolitisch entsprachen solche Forderungen der Theorie von einer innerdeutschen «Abgrenzung»; auch sie war selbstverständlich mit der KPdSU abgestimmt.[8] Im Sinne dieser «Abgrenzung» trat auch Ulbrichts Nachfolger Honecker auf den Parteitagen bis Mitte der siebziger Jahre auf, erkannte aber immerhin, daß es tunlich wäre, Ausnahmen zu machen. In der Wirkung der DDR-Literatur sah er schon eine «Doppelfunktion» nach innen und außen[9], Bücher schwebten ihm vor, die sowohl bei den Eingesperrten die unerläßliche Staatstreue erhalten als auch bei westlichen Lesern den Eindruck eines «attraktiveren Sozialismus» erwecken sollten. Sein Rezept hieß «Weite und Vielfalt», und er mußte hierbei nichts dekretieren, sondern nur geschehen lassen. Denn die DDR-Schriftsteller der damals jüngeren Generation, Christa Wolf, Hermann Kant und andere, hatten sich lange genug mit der stupiden Themenvorgabe des «Bitterfelder Wegs» gequält und wollten nun endlich abarbeiten, was ihnen am Herzen lag.

Was sie unruhevoll bewegte, war die jüngere deutsche Vergangenheit, vor allem die selbsterlebte in Körperschaften wie der Hitlerjugend, dem «Bund Deutscher Mädel» oder der Wehrmacht. 1945 hatte Christa Wolf in ihr Tagebuch geschrieben, daß sie dem Führer in unwandelbarer Treue folgen wolle, und noch in den sechziger Jahren – inzwischen «sozialistische Schriftstellerin» von Ulbrichts Gnaden – erklärte sie gegenüber Monica Huchel, daß sie solche Körperschaften der Hitler-Ära nicht pauschal verurteilen könne: Es hätte ihr im «Bund Deutscher Mädel» gut gefallen, und sie hätte dort «Disziplin gelernt»[10]. Sicher fand sie es selbst an der Zeit, sich damit literarisch auseinanderzusetzen. Unter Ulbricht war das nicht möglich, da stalinistisches Herrschaftsdenken jede Art von «Vergangenheitsbewältigung» als Abirrung vom «positiven» Bild, als zu weit gehendes Hineinfühlen in ein nationales Trauma verbot. Um so größere Zustimmung galt dann Honecker, der endlich «Freiräume eröffnet» hätte, um so eher waren die führenden DDR-Schriftsteller bereit, sich seiner Literaturpolitik zu verschreiben.

Das Verdienst, sich zugleich in die Mentalität der in Frage kommenden zukünftigen Rezipienten der Bundesrepublik einzufühlen, gebührt vor allem Christa Wolf und Stephan Hermlin. Sie haben beide, vielleicht unabhängig voneinander, während erster Reisen in den Westen die Stimmungslage der 68er-Generation erkannt. Hermlin entsprach ihr bereits 1968 mit seiner Erzählung «Corneliusbrücke», die er exklusiv für dieses Publikum schrieb und als reisender DDR-Schriftsteller in der Technischen Universität West-Berlin vortrug, «während im benachbarten Hörsaal», so Hermlins Westberliner Verleger Wagenbach, «Rudi Dutschke über die Vorbereitung der Vietnam-Demonstration» referierte.[11] Christa Wolf hatte schon vier Jahre zuvor, gelegentlich der «Zweiten Bitterfelder Konferenz», dem SED-Politbüro ihre authentischen Eindrücke unterbreitet: «Diese jungen Leute sind, auch wenn sie es nicht wissen, auf uns angewiesen. (...) Sie sagten uns, von euch müßte mal einer herkommen, sie haben uns zugetraut, daß wir uns auf alle Fälle um die Bereiche ihres Lebens kümmern, die sie interessieren.»[12]

Mit diesen Aussagen, so eindeutig sie waren, hatte es nicht sein Bewenden; eine Schriftstellerin wie Christa Wolf, deren Zuneigung immer Körperschaften, Kollektiven oder wenigstens «Wir»-Gefühlen galt, mußte bei solcher Gelegenheit parteipolitische Anregungen unterbreiten. Sie schlug den versammelten Funktionären vor, die neuerkannte Zielgruppe mit literarischen, subtilen Mitteln anzugehen: «Wohlüberlegt, brauchbar, mit Ideenreichtum»[13]. Zu ähnlichen Einsichten gelangte zur gleichen Zeit Hermann Kant auf einer von der Ulbricht-Administration genehmigten Lese-Tournee durch die Bundesrepublik.[14] Wenn Ulbricht, damals noch an der Macht, auf solche Anregungen nicht einging, entsprechende Bücher von Christa Wolf, Kant, Hermlin sogar unterdrückte, konnte das nur eine Verzögerung darstellen. Honecker und seine Kulturfunktionäre, zu denen auch Kant gehören sollte, begriffen rasch, daß hier DDR-Literatur als «gesamtdeutsche Brücke», als Vehikel sozialismusfördernder Botschaften für ein neuartiges westdeutsches Publikum geeignet war. Die Klammer, die beides, die lang unterdrückte Schreibintention der DDR-Autoren und das auf «Vergangenheitsbewältigung» orientierte Lektürebedürfnis der 68er-Generation zusammenhielt, hieß «Antifaschismus».

Der offizielle «Antifaschismus» des Staates DDR mochte dabei so fragwürdig sein wie der Begriff an sich, den die stalinistische Propaganda erfunden hat. Schon allein das Subsumieren des deutschen «Nationalsozialismus», der eigentlich gemeint war, unter den Begriff «Faschismus» entsprang einer Idee des Moskauer Propaganda-Apparats, der früh erkannt hatte, wie sehr «nationaler» und «internationaler Sozialismus» allein von den Wortbestandteilen her zu unliebsamen Vergleichen auffordern mußten. Also «Faschismus» statt «Nationalsozialismus», und mit dem Wort «Antifaschismus» war dann tatsächlich das mythische Ideologem gefunden, das bis heute sein Publikum anlockt. Was die DDR betrifft, haben verschiedene Autoren das Infame des Konstrukts immer wieder betont: Ralph Giordano sprach von «verordnetem», Manfred Wilke von «instrumentellem Antifaschismus»; beide meinen, daß hinter diesem scheinbar einleuchtenden Schlagwort die politische Absicht einer wiederum menschenfeindlichen Herrschaft stand, die von eigenen Verbrechen ablenken wollte.[15] An anderer Stelle habe ich die längst ins Unterbewußte abgeglittene Verschmelzung der Begriffe «Antifaschismus» – «Kommunismus» und im Pendant «Antikommunismus» – «Faschismus» untersucht, die den in sich höchst fragwürdigen Terminus zum ideologischen Totschlaginstrument professioneller DDR-«Antifaschisten» – wie Honecker oder Markus Wolf –, aber auch, was noch fataler war, der westdeutschen Linken werden ließ.[16]

So fragwürdig der Begriff und die durch ihn erzeugten Gemeinschaften sein mochten: die DDR-Literatur trat mit seiner Hilfe in der «linken» Öffentlichkeit der Bundesrepublik, bei zahllosen Feuilleton-Redakteuren, Germanisten, Schullehrern und anderen «Multiplikatoren» ihren Siegeszug an. Wer will, kann in den Archiven studieren, wie die Zauberworte «Antifaschismus» und «Vergangenheitsbewältigung» durch die Rezensionen, später durch die akademische Sekundärliteratur geistern. Insgesamt wurden die Bücher von Hermlin, Christa Wolf, Kant und anderen in Tausenden rezipierenden Texten westdeutscher Autoren weniger literarisch betrachtet als beharrlich unter diesem Aspekt. Die Verknüpfung der Muster «Antifaschismus», «Sozialismus» und, was für die 68er noch ausschlaggebender war, Anti-amerikanismus ist das eigentliche Profil dieser Literatur: ein stahlhartes Gewebe, das bis heute trägt.

2. Literatur als staatliche Legitimation

Die Erfolge der ersten DDR-Schriftsteller, die im Westen Deutschlands verlegt wurden, die Hinnahmebereitschaft breiter Leserschaften für ihre Botschaft, konnte dem kulturpolitischen Apparat der SED nicht verborgen bleiben. Inzwischen ist aus den Akten ersichtlich, wie zuverlässig und lückenlos die Szene der westdeutschen Rezipienten in der ZK-Abteilung Kultur beobachtet, wie schnell und für die Verhältnisse dieses Systems sensibel auf jede erfreuliche Bewegung, später auch auf Störungen – etwa auf die Aussagen emigrierter, freigekaufter oder sonstwie für den Apparat verlorener Autoren – reagiert wurde.[17]
Die «alten Genossen» der Ulbricht-Zeit, denen soviel Erfolg in den Domänen des «Klassengegners» noch anstößig erschien, waren unterdes ausgewechselt, und jüngere Funktionäre wie Ursel Ragwitz, Höpcke, Kant oder Henniger beherrschten das Feld. Sie waren zwar nicht, was westdeutsche DDR-Forscher – Ludz, Bender, Sontheimer/Bleek und viele andere – nun gleich in ihnen sehen wollten, «Eliten im Wandel» oder ein «neuer Typus» des DDR-Funktionärs[18], sondern funktionierten allesamt wie gehabt, doch bestätigten erste Bestseller-Erfolge von DDR-Autoren auf dem westdeutschen Markt ihren zunächst probeweise angelegten «neuen Kurs». Es stellte sich heraus, daß «Weite und Vielfalt» eine klügere kulturpolitische Taktik darstellte als die der Ulbricht-Zeit, übrigens auch eine finanziell gewinnbringende.

Die Akten der Devisenbuchhaltung «DDR-Literatur», des sogenannten «Amtes für Urheberrechte», sind leider im Wirrwarr des Staatsbankrotts verschollen, dennoch läßt sich ahnen, wie üppig sich dem längst in Geldnöten befindlichen Regime hier unverhofft «Valuta»-Quellen auftaten. Der finanzielle Aspekt der im Westen erfolgreichen DDR-Literatur hat jedoch in der offiziellen Rezeption nie eine Rolle gespielt – in der ostdeutschen selbstverständlich, in der westdeutschen wie auf allgemeine Verabredung nicht.

Zunächst spielte für Honeckers Funktionäre der finanzielle Gewinn keine so große Rolle wie der «ideologische», den Autoren wurde höher angerechnet, wieviel sie im Westen an Prestige-Gewinn und Akzeptationsbereitschaft des DDR-Alltags bewirkten. Schon 1973, zwei Jahre nach Beginn der Konzeption «Weite und Vielfalt», konnte Honecker auf der 9. ZK-Tagung feststellen: «In der BRD entwickelt sich ein neues

DDR-Bild.» Zugleich konstatierte er, im Sinne der erwünschten «Doppelfunktion» der DDR-Literatur, ein «wachsendes Selbstbewußtsein der DDR-Bürger»[19]. In der Tat dienten die erfolgreichen DDR-Schriftsteller den tonangebenden westdeutschen Medien mehr und mehr als Zeugen dafür, wie zumutbar das Leben in der DDR und wie liberal die dortigen Herrscher wären: Auch sie wollten einen «DDR-Stolz» der Eingesperrten[20] entdeckt haben, ein grundsätzliches Einverständnis mit diesem Staat, und später, als die DDR scheiterte und Hunderttausende auswanderten oder flohen, immer noch eine allgemeine Bereitschaft zum «Drüben bleiben»[21].

Der legitimierende Gesamteindruck wurde, falls überhaupt, erst 1976 durch Biermanns Ausbürgerung und die Solidarisierung einiger Schriftsteller beeinträchtigt. Ein weiteres Fiasko erlitt die Konzeption «Weite und Vielfalt» 1979, als der DDR-Schriftstellerverband eine Reihe von Autoren, die zuvor einen Protestbrief an Honecker geschrieben hatten, durch ein «Tribunal» maßregelte.[22] Beide Vorfälle beschleunigten den Zerfall einer in der DDR-Geschichte einzigartigen sozialen Gruppe, die ihre Entstehung eigentlich Honeckers Kulturpolitik verdankte, der Gruppe im Osten anerkannter und zugleich im Westen erfolgreicher DDR-Schriftsteller.[23] Sie spaltete sich in der Folgezeit in drei, allerdings nicht klar begrenzte Fraktionen: in jene, die den Staat DDR verließen, jene, die sich nun erst recht bedingungslos zur Politik der SED bekannten, und schließlich diejenigen, die weder das eine noch das andere wollten, darunter Kant, Christa Wolf und Hermlin.

Die dritte Position konnte sich nur leisten, wer durch DDR-Privilegien, Westtantiemen und Rückhalt bei den westdeutschen Rezipienten zugleich gesichert war. Diese wenigen, dafür um so mächtigeren Autoren verkörperten eine Haltung halbherziger, meist verschlüsselter Pseudokritik, die den SED-Staat weder ablehnte noch plump-dogmatisch verherrlichte. Im Detail wurde widersprochen, doch das System *in toto* nicht nur hingenommen, sondern über den Umweg partieller Anfechtbarkeit «trotz alledem» nach außen verteidigt. Darin bestand von neuem eine faszinierende Wirkung auf westdeutsche, vorwiegend linke Leser: Halbherzigkeit war unterdessen auch ihr Metier. Auch die 68er-Generation hatte ihre ursprünglichen Ziele einem Arrangement mit der Macht geopfert, die ehemaligen Weltrevolutionäre, Marxisten, Maoisten oder Trotzkisten waren inzwischen als beamtete Lehrer, Fernsehredakteure, Professoren oder anderswo in Kultur und Politik etabliert. Dabei schwelte in ihnen das schlechte Gewissen, und die Parole vom «Marsch durch die Institutionen» bedeutete nur einen schwachen Trost. Wieder bedienten prominente DDR-Schriftsteller eine emotionale Konfliktlage, indem sie ihre eigenen Schizophrenie, entstanden aus dem Weder–Noch, aus dem Nebeneinander von «nachdenklich» und «staatstreu», aus ihrer Doppelrolle, einerseits Funktionär, Privilegien-Empfänger, Ordens- und Preisträger, andererseits Schriftsteller, einerseits schamlos, andererseits halbsinnig «kritisch» zu sein, indem sie diese heilige deutsche Zerrissenheit ihres Wesens vor den Lesern als schmerzliche Erfahrung ausbreiteten.

Die Motive «Zugehörigkeit», «Scheitern», «Zwiespalt» bestimmten fortan das Œuvre von Christa Wolf, Hermlin, Kant, Christoph Hein und anderen, und darin lag zugleich ihr Erfolg bei westdeutschen Linken. «Zugehörigkeit» zu fragwürdigen Gemeinschaften, von denen man sich nicht zu trennen vermag – ein ewiges deutsches Thema. Nicht Rettung in letzter Minute, sondern «Scheitern» als das gravierende persönliche Erlebnis – ein Zeichen von «Treue». Und endlich der «Zwiespalt» – das unumgängliche, daraus erwachsende individuelle wie nationale Lebensgefühl. Man fand sich wieder in diesen Büchern, darin Feigheit als Sensibilität, Dulden als Tugend, Mitmachen und Anpassung als Fatum vorgeführt wurden, und aus der Legitimation des Staates DDR, die diesen Schriftstellern *ab ovo* am Herzen lag, wurde übergreifend die von gesamtdeutschen Haltungen. Noch einmal DDR-Literatur als «gesamtdeutsche Brücke»: diesmal entstand zwischen DDR-Autoren und westdeutschen Lesern eine Solidargemeinschaft des gegenseitigen Verzeihens und gnädigen Freisprechens in der längst erkannten katastrophalen Schwäche.

3. «Kulturelle Beziehungen» als Fundament für Kollaboration

Insgesamt haben Biermann-Ausbürgerung, «Tribunal» und anschließender Exodus von DDR-Schriftstellern bei den meisten westdeutschen Rezipienten die affirmative Haltung gegenüber dem DDR-«Literaturbetrieb» nicht wirklich verstören können. «Anerkennung der DDR» hatte sich mittlerweile als bundesdeutsche Staatsräson durchgesetzt, seit Honecker auf die Angebote der Entspannungspolitik unter den Regierungen Brandt und Schmidt notgedrungen eingegangen war.[24] Mit den vertraglichen Regelungen zwischen den «zwei gleichberechtigten und souveränen deutschen Staaten» – eine SED-Formulierung, die von DDR-Seite bei jeder Gelegenheit ostentativ ausgesprochen wurde – kam es auch zu Annäherungen und Kooperationen, schließlich zu Verträgen in der deutsch-deutschen Kulturpolitik. Damit wurde staatlich sanktioniert, was DDR-freundliche westdeutsche Intellektuelle schon lange ersehnt hatten, und selbst repressive Aktionen der SED, die das Bild vom innerdeutschen Kulturfrieden störten, konnten sie nicht nachhaltig beirren.

So folgerichtig diese Entwicklungen waren, die SED sah in ihnen immer eine Gefahr. Trotz des «Grundlagenvertrages» zwischen DDR und Bundesrepublik vom August 1972 blieb die prinzipielle Forderung nach «Abgrenzung» bestehen, wenngleich die SED dadurch in ein bedrückendes Dilemma geriet. Es war besonders spürbar «auf ideologischem Gebiet». Werner Lamberz, damals «Sekretär des Zentralkomitees», vergatterte am 17. und 18. November 1972 auf einer eigens einberufenen «Konferenz des Zentralkomitees über Agitation und Propaganda» die DDR-Wissenschaftler, Kulturarbeiter und Künstler noch einmal ausdrücklich auf «unseren Kampf für Frieden und gegen Imperialismus»[25]. Seine Kardinalthese hieß, unter Berufung auf Lenins Paradigma von der friedlichen Koexistenz: «Verlagerung des Kampfes auf ideologisches Gebiet». Indem der offene Krieg als Mittel revolutionärer Machtentfaltung unpraktikabel wurde, käme es um so mehr zu einer «zugespitzten Auseinandersetzung mit der bürgerlichen Ideologie». Gefordert wären feinere Taktiken, raffiniertere Einwirkungen, diffizilere Muster als bisher, um auch angesichts dieser neuen Entwicklungen siegreich bestehen zu können.

Im Rückblick läßt sich sagen, daß die SED-Kulturfunktionäre, darunter auch Schriftsteller wie Kant und Hermlin, dieser Forderung gerecht geworden sind. Der Grund dafür war nicht zuletzt, daß sie in der Bundesrepublik bereitwillige Partner fanden. Im westdeutschen Kulturbetrieb nahmen längst – «Marsch durch die Institutionen» – Anhänger des Sozialismus beherrschende Stellungen ein, und in den späten siebziger Jahren kam es daher, nach manchem verstohlenen Antichambrieren, aber im wesentlichen ungestört und kaum getrübt durch die Debakel Biermann-Ausbürgerung, «Tribunal» und das Abwandern zahlreicher DDR-Schriftsteller, zu einer immer engeren Zusammenarbeit des DDR-Schriftstellerverbands mit dem westdeutschen Autorenverband VS.

Die zentrale Figur auf westdeutscher Seite war Bernt Engelmann. Neuerdings ist aus den Akten bekannt, daß erfolgreiche Bücher dieses Autors mit Unterstützung des SED-Regimes, genauer gesagt des Ministeriums für Staatssicherheit, entstanden sind.[26] Das war aber nicht die Gemeinsamkeit, die ihn geeignet machte, dem Präsidenten des DDR-Schriftstellerverbands Hermann Kant ein ebenbürtiger Partner zu sein. Vor allem mußte, wer mit Kant erfolgreich kooperieren wollte, das Evangelium vom «Sozialismus auf deutschem Boden» tief verinnerlicht haben, mußte auch, wie Kant, Christa Wolf oder Hermlin, über eklatante Menschenrechtsverletzungen routiniert hinwegsehen können. Diese Grundstimmung teilten viele westdeutsche Literaten mit Engelmann, der daher zu Hause, in der Bundesrepublik, über lange Zeit den unerläßlichen Rückhalt fand. Die Aktennotizen der Abteilung «Internationale Beziehungen» des DDR-Schriftstellerverbands belegen, wie gründlich man auf DDR-Seite das Terrain sondierte. Wie brüchig im bundesdeutschen VS der Boden war, wie hoffnungsträchtig jeder Vorstoß im Sinne der ZK-Vorgabe von «unserem Kampf für Frieden und gegen Imperialismus» und wie genau kalkuliert jeder Schritt, jede «Maßnahme», jede Aktion – darin widerspiegelt sich der zeitweilige Triumph der SED-Administration.

4. «Friedenspolitik» als letzte Offensive

Bei Bedarf läßt sich aus den Werken von Marx, Engels und Lenin immer das Passende herauslesen, Offensiv- wie Defensivtaktik, die «historische Notwendigkeit» eines Krieges oder die des Friedens. Die «Friedenspolitik» des XXIV. Parteitags der KPdSU berief sich 1971 auf Lenin, indem sie die friedliche Koexistenz – darin eingeschlossen die «Verlagerung des Kampfes auf ideologisches Gebiet» – propagierte, und die Parteilinie der SED trug dem Rechnung wie stets.

Womöglich hätte man in diesem «Friedensprogramm» der KPdSU auch damals schon etwas anderes sehen können als das Deklarierte, nämlich das Desperate und Hoffnungslose, den Versuch, die bedrohliche Gegenmacht mit letzter Kraft zu behindern und Partner im Westen zu finden, mit deren Hilfe zwar nicht der eigene Verfall, aber wenigstens der Kräftezuwachs des «Gegners» aufzuhalten wäre. Stalins Nachfolger auf «Friedenskurs» – jedem Kenner dieses Systems gab das zu denken.

Den meisten westdeutschen Linken nicht. Die Sowjetunion – mochte sie marode, verdächtig defensiv und manövrierunfähig sein – mußte weiterhin den Popanz eines «Sozialismus» abgeben, in dessen Windschatten sich die 68er eingerichtet hatten: mit soliden Gehältern, Weihnachtsgratifikationen und Eigenheimen, aber immer mit der Drohung, ein zwar in Sofakissen schlummerndes, in Wohlstand verdämmerndes, doch bei Gelegenheit revolutionäres Potential darzustellen. Die Fixierung auf ältere Muster der Auseinandersetzung machte sie unfähig, die Zeichen der kontinentalen Havarie zu erkennen. «Sowjetunion», sowenig man sich wirklich unter diesem Wort vorstellen konnte, sowjetische Großmachtpolitik und letztes verzweifeltes Auftrumpfen waren immer noch willkommen, um alte deutsche Rechnungen zu begleichen. Fünf bis zehn Jahre nach dem präparierenden KPdSU-Programm – solange dauern Wege durch das deutsche Bewußtsein immer – erfaßte das Begehren der «Friedensbewegung» auch die deutsche Linke.

Eigene Eindrücke werden hinzugekommen sein, bei einzelnen wirklich Sorge um Umwelt und Überleben in einem Land, das mit amerikanischen Raketen gespickt war, daher erstes Ziel von Angriffen der anderen Seite sein mußte. Der apparative Vorgang «Friedenspolitik», von Sowjetideologen, später von DDR-Funktionären ausgearbeitet, hatte damit wenig zu tun. Hierbei ging es um Vormachtstellungen auf dem Kontinent, die erstmals seit Ende des Zweiten Weltkriegs durch westliche Hochrüstung in Frage standen. Stalins Panzerarmeen hatten das Bild Europas drastisch verändert, und seine Erben – die sowjetischen Generalsekretäre dieser Jahre hießen Breschnew und Tschernenko – wollten in den späten Siebzigern nicht um ein Jota davon abrücken. Wer damals der offiziellen sowjetischen «Friedenspolitik» zustimmte, meinte die Hegemonie eines sowjetischen Ancien régime.

Für Hermann Kant verstand sich das von selbst. Auch andere Größen unter den DDR-Schriftstellern, Hermlin oder Christa Wolf, entdeckten wie von ungefähr ihre Liebe zur Sowjetunion, priesen russische Großherzigkeit und poetisch die Weite der Landschaft, erinnerten an den heroischen Kampf im «Großen Vaterländischen Krieg»[27] und zentralisierten das Leitmotiv der späten sechziger Jahre: Antifaschismus. Christa Wolf hatte ihre Laufbahn, noch vor dem «Geteilten Himmel», mit einer «Moskauer Novelle» begonnen [28], für sie war «Liebe zur Sowjetunion» untrennbar mit ihrem literarischen Auftritt assoziiert. Hermlin, ein professioneller Antifaschist, verknüpfte 1975 in der PEN-Rede «Mein Friede» das Entree-Motiv der neueren DDR-Literatur mit einer «imperialistischen», zunächst westdeutschen Kriegsgefahr. Die Hinwendung zum Themen-Muster «Sowjetunion – Frieden», «westlicher Imperialismus – Kriegsgefahr» geschah zeitgleich mit dem Drängen des Apparats, endlich die «Friedenspolitik» auch literarisch umzusetzen.

Und darüber hinaus: literaturpolitisch. Wie diese beiden Begriffe, Literatur und Politik, für DDR-Schriftsteller selbstverständlich verbunden waren, muß heute kaum noch erklärt werden. Im Falle der «Friedensoffensive» hieß Literaturpolitik im besonderen, «Bündnispartner» im Westen zu gewinnen, um «die Friedensbewegung», wie Honecker in diesem Sinn auf der 3. ZK-Tagung 1981 ausführte, «im Westen riesige Ausmaße annehmen» zu lassen.[29] Akzentuiert müsse die «Hochrüstungspolitik der NATO» als schuldig benannt werden – nicht etwa die zu dieser Zeit in Afghanistan realiter kriegführende Sowjetunion –, weil westliches Rüsten «die Ausrottung der Menschheit, die Vernichtung der Zivilisation» anstrebe, wogegen die Sowjetunion inklusive aller Satelliten eine «Friedensmacht» sei. Honecker wörtlich: «Frieden ist schon von Anbeginn der Hauptinhalt unserer Politik gewesen.»[30] So lächerlich dieses eindimensionale Bild vom Guten und Bösen heute erscheint, damals fand es – zumindest in der Tendenz – zahlreiche Anhänger unter den Intellektuellen der Bundesrepublik.

Antiamerikanische Tiraden, von wem auch immer vorgetragen, können sympathisierender Regungen unter linken Intellektuellen der Bundesrepublik gewiß sein. Ist die Idee eines «höheren», «besseren» Deutschlands denkbar ohne das überseeische Feindbild, ohne das verhaßte, präpotente Amerika? Die «Friedensgespräche» zwischen ost- und westdeutschen Autoren in Ost-Berlin im Dezember 1981 begannen mit entsprechender Betrachtung. «Es war eine Verheißung», schrieben die Herausgeber des Protokoll-Bandes im Luchterhand-Verlag, «als sich, wenige Monate nach dem von Bernt Engelmann und Hermann Kant initiierten ‹Friedensappell der Schriftsteller Europas›, zum ersten Mal seit vielen Jahren Schriftsteller, Publizisten und Wissenschaftler aus Ost und West an einen Tisch setzten, um eine gemeinsame Position gegenüber der drohenden Kriegsgefahr zu behaupten.»[31] 1982 folgten eine noch großartigere – schon durch den Tagungsort europäisch konzipierte – Veranstaltung im holländischen Den Haag und die «Internationalen Literaturtage» (genannt «Interlit») in Köln mit Teilnehmern aus 48 Ländern, 1983 schließlich die «Zweite Berliner Begegnung» in West-Berlin.

Der westdeutsche VS-Vorsitzende Engelmann, der diese Veranstaltungsserie gemeinsam mit Hermann Kant organisierte, fühlte sich schon vor der «Ersten Berliner Begegnung» inspiriert, im Sinne damaliger sowjetischer «Friedenspolitik» aufzutreten. Drei Monate zuvor, im September 1981, legte er in seiner «Eröffnungsrede zur Bundesdelegiertenversammlung des VS» eine Vergleichbarkeit «von Reagans Amerika» mit dem NS-Regime nahe.[32] In dieser Richtung wirkte Engelmann auch während der «Friedensgespräche», und vielleicht fühlte sich sein Partner Hermann Kant deshalb 1983, anläßlich der «Zweiten Berliner Begegnung», zu einem offenherzig-prosowjetischen Appell aufgerufen: Er kenne den sowjetischen Generalsekretär Breschnew als einen «Mann, der sich ganz an die Sache gab, die er vertrat», man könne den Frieden «nicht überzeugender vertreten, als er es tat». Und wenig später, in der Nachmittagssitzung dieses Tages, ein weiterer Vorstoß: Der DDR-Oberkommandierende, Armeegeneral Hoffmann, hätte sich dadurch als Friedensfreund ausgewiesen, daß es schon lange «keine so den Frieden beschwörende Rede gegeben hätte wie diese»[33], womit General Hoffmanns Auftritt auf dem letzten SED-Parteitag gemeint war. Zur Ehre der westdeutschen Teilnehmer sei gesagt, daß sie dazu nicht allesamt schwiegen, wenigstens Peter Schneider und Hans Christoph Buch widersprachen, Buch erklärte, die Spielregeln verletzend, er käme sich beim Anhören solcher systemtreuer Apologetik «langsam absurd vor»[34]. Dennoch hat der Geist der «Friedensgespräche» die westdeutschen DDR-Freunde in einer Haltung bestärkt, die bis heute fortwirkt, obwohl der Staat, dem sie galt, nicht mehr existiert. Im Bewußtsein vieler westdeutscher «Linker» soll die DDR bis auf diesen Tag ein friedenswilliges, «menschliches» Experiment, zumindest ein Streben zum «besseren», «höheren» Deutschtum gewesen sein.

Die bis zuletzt staatstreue DDR-Literatur hat an dieser Verwirrung maßgeblichen Anteil. Ihre westdeutschen Sekundär-Verwerter, die unverdrossenen Akademiker und Medien-Rezipienten, die sich ihr liebevoll widmen, füttern heute nur mehr eine Konserve und verwalten ein Depot von Streichel-Einheiten für heimatlose Intellektuelle. Aber die «Befindlichkeiten» haben überlebt. Der Staat, der diese Literatur unterhielt, ging zu Schanden, doch niemals kann in Deutschland die «Treue» sterben, die einem ausgeprägten Muster des katastrophalen Fühlens und Denkens gilt. Dieses Schrifttum war keine auf den Staat DDR begrenzte Angelegenheit, «die Linke im Westen», fanden die Germanisten Domdey und Rohrwasser, «wurde dabei mitbedient».[35] Deutsche Gemeinschaften haben sich nie so manifest zusammengefunden wie im kollektiven Versagen. Für ein solches Versagen steht schließlich die DDR-Literatur, daher wird ihre Botschaft mit aller Kraft reanimiert. Ihre Botschaft war, wie jeder weiß, die eines Scheiterns – gibt es in diesem Land einen einleuchtenderen Grund für ihr Überleben?

Anmerkungen

1 Tacitus, Germania, Berlin 1890
2 Vgl. Chaim Noll, Nachtgedanken über Deutschland, Reinbek 1992
3 Christa Wolf und andere: Für unser Land, Neues Deutschland, 28.11.1989
4 Walter Ulbricht, Der Sozialismus – Werk des Menschen. In: Die historische Mission der SED. Berlin (Ost) 1971
5 Shdanows Rede auf dem Ersten Zentralen Schriftstellerkongreß der UdSSR. Vgl. J. Holthusen, Russische Literatur, München 1982
6 Walter Ulbricht, a.a.O.
7 ebenda
8 Vgl. Hermann Weber, Geschichte der DDR, München 1985
9 Erich Honecker auf der 6. Tagung des ZK der SED 1972, zit. nach «Neues Deutschland», 8.7.1972
10 Vgl. Chaim Noll, Das lächerliche Pathos alter Schwärmer. In: Thomas Anz (Hg.), Es geht nicht um Christa Wolf, München 1991
11 Klaus Wagenbach im editorischen Anhang von Stephan Hermlin: Lebensfrist, Berlin (West) 1987
12 Christa Wolf, Rede auf der Zweiten Bitterfelder Konferenz. In: Die Dimension des Autors, Darmstadt/Neuwied 1987
13 ebendort
14 Vgl. Manfred Wilke/Chaim Noll, Anerkennungsliteratur. Endbericht eines Forschungsprojekts an der Freien Universität Berlin, Berlin 1991
15 Ralph Giordano, Die zweite Schuld oder Von der Last, ein Deutscher zu sein, Hamburg 1988. Manfred Wilke, Antifaschismus als Legitimation staatlicher Herrschaft. In: Bedeutung und Funktion des Antifaschismus, Bonn 1990
16 Vgl. Chaim Noll, Früchte des Schweigens. Deutschland Archiv, Köln, 7/1989
17 Akten des Schriftstellerverbands der DDR. Vgl. Wilke/Noll, Anerkennungsliteratur, a.a.O.
18 Vgl. P. C. Ludz, Parteielite im Wandel, Köln/Opladen 1970. P. Weisbrod, Literarischer Wandel in der DDR, Heidelberg 1980. Sontheimer/Bleek bei Weisbrod, a.a.O., und andere
19 Honecker auf der 9. Tagung des ZK der SED, zit. nach «Neues Deutschland», 23.5.1973
20 Konrad Franke/Heinrich Vormweg, Kindlers Literaturgeschichte der Gegenwart, Band Literatur der DDR, München/Zürich 1974
21 Volker Hage, «Drüben bleiben?» In: Die Zeit, 20.11.1987
22 Vgl. J. Walther und andere (Hg.), Protokoll eines Tribunals, Reinbek 1991

23 Eine genauere Definition dieser sozialen Gruppe in Manfred Wilke/ Chaim Noll, Anerkennungsliteratur, a.a.O.

24 Vgl. Hermann Weber, Geschichte der DDR, a.a.O.

25 Vgl. «Neues Deutschland», 17.11.1972

26 Vgl. Jürgen Serke, Bernt Engelmann – Bestseller-Autor von Stasis Gnaden. In: Die Welt, 29.1.1992

27 Christa Wolf, Fünfundzwanzig Jahre. In: Die Dimension des Autors, a.a.O.

28 Vgl. Manfred Wilke/Chaim Noll, Anerkennungsliteratur, a.a.O., und Ariane Bauer in: Niemandsland 3/1988

29 Honecker auf der 3. ZK-Tagung 1981, «Neues Deutschland» 21./22.11.1981

30 ebendort

31 Zweite Berliner Begegnung. Den Frieden erklären. Protokolle des zweiten Schriftstellertreffens, Darmstadt/Neuwied 1983

32 Zit. nach: Mut zur Angst, Darmstadt/Neuwied 1982

33 Zit. nach: Zweite Berliner Begegnung, a.a.O.

34 ebendort

35 Horst Domdey/Michael Rohrwasser, Stalinismus und Ausklammerung der Renegatenliteratur. In: Text und Kritik, 108/1990

Tilman Fichter

Die SPD und die nationale Frage*

> «Wir deutschen Sozialdemokraten sind nicht britisch und nicht russisch, nicht amerikanisch und nicht französisch. Wir sind die Vertreter des deutschen arbeitenden Volkes und damit der deutschen Nation. Wir sind als bewußte Internationalisten bestrebt, mit allen internationalen Faktoren im Sinne des Friedens, des Ausgleichs und der Ordnung zusammenzuarbeiten. Aber wir wollen uns nicht von einem Faktor ausnützen lassen.»
> Kurt Schumacher
> 5. Oktober 1945

Mehr als hundert Jahre – von der Gründung der SPD bis hin zur Distanzierung Herbert Wehners vom Deutschlandplan der SPD vor dem Bundestag am 30. Juni 1960 – haftete an den Sozialdemokraten der Verdacht nationaler Unzuverlässigkeit.

Nachdem 1875 in Gotha die Lassalleschen Arbeitervereine sich mit den «Eisenachern» zur «Sozialistischen Arbeiterpartei» zusammengeschlossen hatten, reagierte Reichskanzler von Bismarck mit dem Sozialistengesetz (1878–1890). Die «roten Reichsfeinde» und «vaterlandslosen Gesellen» wurden überwacht, ihre Funktionäre verhaftet, oft auch ausgewiesen, und ihre Zeitungen beschlagnahmt bzw. verboten. In den Zwischenkriegsjahren lauteten die Schimpfworte der Völkischen und Deutschnationalen gegen die Sozialdemokraten «Novemberverbrecher» oder «Erfüllungspolitiker». Konrad Adenauer ließ zur ersten Bundestagswahl 1949 sogar Plakate kleben, auf denen ein schlitzäugiger Mann mit Pelzmütze abgebildet war; seine linke Hand hatte er auf Asien gelegt, und sein begehrlicher Blick auf Westeuropa war durch ein wappenähnliches SPD-Schild halb versperrt. Dieses sozialdemokratische Wappen war jedoch gespalten und zerbröckelte bereits am oberen rechten Rand. Damit suggerierten die Christdemokraten: Auf die SPD ist in nationalen Angelegenheiten noch immer kein Verlaß. Die Rettung für den Wähler laute deshalb: «CDU».[1]

---

* Eine Kurzfassung dieses Essays erschien bereits im April-Heft (1992) der *Neuen Gesellschaft/Frankfurter Hefte*.

Partei, Nation und existentielle Glaubwürdigkeit

Nach 1945 war es aber gerade die SPD unter Kurt Schumacher und Erich Ollenhauer, die an der nationalen Einheit festhielt und in der Politik der forcierten Westorientierung Adenauers die Gefahr einer Verfestigung der deutschen Spaltung erblickte. Kurt Schumacher, durch Kriegsverletzung, Gestapo-Folter und KZ-Haft schwer gezeichnet, übte nach 1945 besonders auf ehemalige Soldaten und Offiziere eine große Faszination aus. Der militante, antikommunistisch-aktivistische Sozialdemokrat und ehemalige Frontoffizier aus dem Ersten Weltkrieg dachte und redete in einer (oft autoritären) Sprache, die die Kriegsheimkehrergeneration verstand. Er trat für den Aufbau eines sozialen Rechtsstaats ein, für eine Wiedergutmachung an den verfolgten NS-Opfern und an den neugegründeten Staat Israel, und er forderte die Neugründung der «Sozialistischen Internationale» (SI). Der KPD warf Schumacher vor, sie habe trotz aller Volksfront-Terminologie ihr langfristiges Ziel, die Errichtung der Diktatur des Proletariats unter ihrer Partei-Hegemonie, nicht wirklich geändert. Er forderte die Kommunisten in den drei Westzonen auf, ihre Parteiorganisation aufzulösen und als Individuen, also nicht als organisierte kommunistische Fraktion, in der Sozialdemokratie mitzuarbeiten.

Auf die spontan geäußerte Bereitschaft so mancher Sozialdemokraten zur sofortigen Vereinigung der beiden Arbeiterparteien ging die KPD jedoch nicht ein. Ihr Ziel war auch damals nicht eine demokratische Einheitspartei der Arbeiter, die durch die Mitglieder von SPD und KPD hätte gebildet werden können, sondern eine einheitliche Partei, die nach den Prinzipien des demokratischen Zentralismus aufgebaut sein sollte und sich ausdrücklich zur Freundschaft mit der Sowjetunion bekannte. Diese Verzögerungstaktik der KPD-Führung stärkte faktisch die harte Abgrenzungsposition von Schumacher gegenüber den Kommunisten.[2]

Kurt Schumacher starb am 20. August 1952 an den Spätfolgen seiner KZ-Haft. Bis zu seinem Tod blieb die Einheit Deutschlands für ihn ein zentrales «Nahziel der deutschen Politik».[3] Zwar hatte die SPD 1948 unter seiner Führung die Gründung eines separaten Weststaates akzeptiert, dies jedoch ausdrücklich in der Hoffnung, daß ein provisorischer westdeutscher Teilstaat auf die «Sowjetische Besatzungszone» (SBZ), also die spätere «Deutsche Demokratische Republik» (DDR), eine starke ökonomische und politische Sog-Wirkung auslösen werde.

Mehr als vierzig Jahre danach hat sich diese «Magnettheorie» Schumachers nun bewahrheitet. Welch ein Umweg! Sein vergeblicher Versuch, die nationale Einheit gegen die Politik von Konrad Adenauer und Walter Ulbricht durchzusetzen, nährte in weiten Teilen der DDR-Bevölkerung zunächst die Hoffnung, die Wiedervereinigung sei mittelfristig erreichbar. Auch nachdem die sowjetischen Truppen den Volksaufstand vom 17. Juni 1953 niedergeschlagen hatten und nachdem die SED im August 1961 durch Berlin eine Mauer bauen ließ, blieb die SPD für viele Menschen in der DDR die «Wiedervereinigungspartei». Mit dieser historischen Erfahrung begründete beispielsweise Wolfgang Thierse in einem Interview mit der Zeitschrift *Neue Gesellschaft/Frankfurter Hefte* im Februar 1991 sein Engagement in der SPD: «Es gehört zur Vorgeschichte meines Eintritts in die SPD vor einem Jahr, daß ich von Kindesbeinen an die SPD immer für die Partei der deutschen Einheit hielt.» Dieser Eindruck hat sich freilich in den letzten zwanzig Jahren bei vielen Menschen in der DDR verflüchtigt. Wie kam es dazu?

Annäherung statt Teilung

Ein wichtiger Grund für den Ansehensverlust der SPD war das Klima des Kalten Krieges, in dem alle differenzierten gesellschaftspolitischen Positionen polarisiert wurden. Mit der Gründung der Bundesrepublik Deutschland am 7. September 1949 und der Deutschen Demokratischen Republik am 7. Oktober 1949 hatte der Teilungsprozeß, der Europa nach dem Sieg der Anti-Hitler-Koalition über das NS-Deutschland in zwei rivalisierende Lager spaltete, einen vorläufigen Abschluß gefunden. Die Integration der beiden deutschen Teilstaaten in einander feindlich gegenüberstehende Militärblöcke hatte unter anderem zur Konsequenz, daß die nationale und soziale Frage in beiden Teilen Deutschlands auf eine spezifische Weise miteinander verkoppelt wurden. Die Auseinandersetzungen zwischen Kapital und Arbeit nahmen immer mehr den Charakter eines Konfliktes zwischen zwei Teilstaaten an.

Der Linkskatholik und Mitbegründer der hessischen CDU, Walter Dirks, charakterisierte diese Periode in den *Frankfurter Heften* bereits 1950 als eine restaurative Epoche: «Wir sind dabei, den Frieden zu verlieren. Die Völker Europas haben weder den militärischen Zusammenbruch noch den militärischen Sieg zu nutzen verstanden. Sie haben die Aufgabe nicht gelöst, die ihnen gestellt war: Nach dem Zusammenbruch der alten Welt eine menschlichere aufzubauen. Sie haben den Weg des geringsten Widerstandes gewählt. In dem harmlosen Wort ‹Wiederaufbau› hat sich dieser Weg bereits 1945 angekündigt. Angst, Bedürfnis nach Sicherheit und Bequemlichkeit waren stärker als Mut, Wahrheit und Opfer, und so leben wir denn in einem Zeitalter der Restauration.»[4] Mit diesem Begriff der «Restauration» kritisierte Dirks die mangelnde Bereitschaft der deutschen Politik, jenseits der Interessen der jeweiligen Besatzungsmächte eine eigenständige Antwort auf die deutsche Katastrophe im Dritten Reich zu formulieren.

Nach der schweren Niederlage der SPD bei der Bundestagswahl vom 15. September 1957 bemühte sich die Parteiführung verzweifelt um eine nachträgliche «programmatische Eingliederung» der westdeutschen Sozialdemokratie in die «herrschende Ideologie der Bundesrepublik»[5]. Nur so, das glaubten jedenfalls Fritz Erler, Willy Brandt und Herbert Wehner, könnte die SPD ihre «schreckliche Vereinsamung»[6], in der sie sich auf dem Höhepunkt der Adenauerschen Restaurationsära befand, aufbrechen. Das Programm von Godesberg Ende November 1959 war deshalb nicht nur ein notwendiger Abschied von der fatalistischen Weltanschauung eines Karl Kautsky, es schwor die Gesamtpartei auch durch «einen ethischen Appell»[7] bedingungslos auf den Westen und das Programm der industriellen Moderne ein. Durch seine Pro-NATO-Rede am 30. Mai 1960 rundete dann Herbert Wehner diesen Integrationsprozeß der SPD in die westdeutsche Teilrepublik ab. Dadurch verlor die Sozialdemokratie allerdings auch ihre gesamtdeutsche Identität.

Mit ihrer Entspannungs- und Ostpolitik leiteten Willy Brandt und Egon Bahr Ende der sechziger Jahre eine neue Phase in der Deutschlandpolitik ein. Die damals anvisierte Dialektik von zwischenstaatlicher Annäherung und politisch-ideologischer Auseinandersetzung reduzierte sich jedoch in den achtziger Jahren auf eine staatliche Gleichgewichtspolitik. Die ursprünglich beabsichtigte Entspannungs- und Friedenspolitik erstarrte so in der Ära Helmut Schmidt immer mehr zu einer Metternichschen Status-quo-Politik. Helmut Kohl war es schließlich, der 1987 in Bonn für Erich Honecker sogar den roten Teppich ausrollen ließ. Welch eine Ironie. Aber auch die sozialdemokratische Deutschland- und Ostpolitik verlor durch die realpolitische Wendung ihre Faszination.

Diplomatie statt Solidarität

Die deutschlandpolitische Glaubwürdigkeit der SPD begann in den Reihen der DDR-Opposition seit jenem Tag zu bröckeln, als sich der sozialdemokratische Bundeskanzler Helmut Schmidt am 13. Dezember 1981 im menschenleeren und von der Stasi demonstrativ besetzten mecklenburgischen Kreisstädtchen Güstrow mit dem Staatsratsvorsitzenden Erich Honecker traf. Am gleichen Tag hatte General Jaruzelski in Warschau das Kriegsrecht ausgerufen und die im Spätsommer 1980 entstandene nationalpolnische Gewerkschaftsbewegung «Solidarność» illegalisiert. Anstatt sofort abzureisen, blieb der Kanzler in Güstrow und demonstrierte damit sein unausgesprochenes Verständnis für Honecker und Jaruzelski. Auf die Frage eines Hamburger Journalisten am 13. Dezember abends, ob das «Thema Polen» auch auf der «Tagesordnung» in Güstrow gestanden habe, antwortete Helmut Schmidt leicht pikiert und gewohnt schnoddrig: «Was bringt Sie auf diese Idee? Herr Honecker ist nicht der Regierungschef der Volksrepublik Polen und ich auch nicht. Wir sind beide Vertreter von Staaten, die den großen Wunsch haben, daß es den Polen gelingen möge, aus eigener Kraft, und nur aus eigener Kraft, ihre Schwierigkeiten zu überwinden.»[8]

Helmut Schmidts realpolitischer Kotau vor dem polnischen General des kleineren Übels, der durch seinen Militärputsch einer drohenden sowjetischen Invasion zuvorgekommen sein soll, beförderte den tendenziell selbstverschuldeten Ansehensverlust der westdeutschen Sozialdemokratie in der DDR-Gesellschaft. Dieser Ansehensverlust pflanzte sich fort und äußerte sich nicht zuletzt in den schlechten Wahlergebnissen der Partei bei der ersten freien Volkskammerwahl der DDR am 18. März 1990 und während der letzten Bundestagswahl am 2. Dezember 1990.

Insofern ist es auch eine – parteitaktische – Verkürzung der historischen Wahrheit, wenn heute etwa von «Kanalarbeitern» aus den Reihen des «Seeheimer Kreises» dem Kanzlerkandidaten Oskar Lafontaine die alleinige Schuld an dem Wahldesaster der SPD im Jahre 1990 zugeschoben wird. Denn an diesem ungenießbaren Gericht haben viele Köche mitgekocht. Interessanterweise sparte Brigitte Seebacher-Brandt in ihrem Essay über «Die Linke und die Einheit»[9] die damalige realpolitische Rolle Helmut Schmidts gnädig aus. Seine offensichtliche Geringschätzung der polnischen «Solidarność»-Aktivisten paßte wohl nicht recht in ihre Anti-68er-Kampfschrift.

Der große Irrtum

Zur Vorgeschichte der SPD-Wahlniederlagen 1990 gehören jedoch noch weitere Unterkapitel: So bescheinigte etwa die – vom Parteivorstand ernannte – «Grundwertekommission der SPD» dem zwei Jahre später zusammenbrechenden «Arbeiter-und-Bauern-Staat» noch im Juni 1987 in einer gemeinsamen Erklärung mit der «Akademie für Gesellschaftswissenschaften beim ZK der SED» «Entwicklungs- und Reformfähigkeit»[10]. Welch ein gewaltiger Irrtum. Zu diesem Zeitpunkt war das SED-Umerziehungs- und Überwachungssystem zu wirkungsvollen wirtschaftlichen Reformen schon längst nicht mehr imstande. Die Kommandowirtschaft der SED lebte (ungefähr seit Anfang der siebziger Jahre) fast nur noch von der ökonomischen Substanz der untergegangenen bürgerlichen Gesellschaft bzw. von den Früchten der stalinistischen Aufbauphase unter Ulbricht.

Warum bemerkten eigentlich die verantwortlichen Hüter der sozialdemokratischen Grundwerte diesen – im Land und in den Städten – überall sichtbaren Zerfallsprozeß der DDR-Gesellschaft nicht? Selbst in den systemimmanenten Veröffentlichungen der westdeutschen DDR-Forschung gab es damals immer wieder deutliche Hinweise auf die wirtschaftlichen Schwierigkeiten. Die weitgehende Blindheit der Kommissionsmitglieder läßt sich meines Erachtens darauf zurückführen, daß in der westdeutschen SPD-Spitze in den achtziger Jahren der Wille zur Gleichgewichtspolitik in Europa stärker entwickelt war als der soziologische Blick für die Realitäten in den Warschauer-Pakt-Ländern.

Die Wende

Die polnische Volkskirche als Rivalin des autoritären Jaruzelski-Militärregimes, die «Solidarność»-Gewerkschafter in ihrem permanenten Kampf gegen eine destruktiv gewordene zentrale Planwirtschaft und das existentielle Freiheitspathos der Warschauer Intellektuellen wurde

– und zwar nicht nur in weiten Teilen der westdeutschen Sozialdemokratie, und leider nur zu oft auch in West-Berlin – nur als Störfaktor für die deutsch-deutsche Status-quo-Politik registriert. Doch die Rückkehr der Massen in die mittel-, südost- und osteuropäische politische Realität war unaufhaltbar; dem daraufhin entstehenden Reformdruck war auf Dauer nicht standzuhalten.

Im Widerstand gegen den Poststalinismus entstand in Warschau, Kattowitz, Prag, Budapest, Vilnius, Riga, Tallinn, Leipzig oder Berlin eine neue Situation – geprägt von existentiellem Pathos, persönlicher Integrität der einzelnen Bürgerrechtler und basisnaher Politik. Die Menschen dort kämpften für ein «Leben in der Wahrheit» (Václav Havel) und gegen die allgegenwärtige «Friedhofsruhe» (Andrzej Szczypiorski). Doch die Westeuropäer waren nur zu oft mit ihren eigenen Sorgen und Hoffnungen beschäftigt und wollten sich von den rebellischen Dissidenten nicht stören lassen.

In dieser Closed-shop-Atmosphäre konnte es dann auch passieren, daß zum Beispiel Egon Bahr in einem *Vorwärts*-Artikel im Januar 1982 die «Solidarność»-Sympathisanten in Westeuropa mit einer publizistischen Breitseite kritisierte, weil sie die angeblichen «Zwänge der Realität» nicht länger akzeptieren wollten. Eine solche Politik könnte jedoch – so Egon Bahr – letztlich den Weltfrieden gefährden. Deshalb schrieb er unter anderem der antistalinistischen Linken in Paris (und anderswo) ins Stammbuch: «Kein Ziel rechtfertigt den Krieg: weder die deutsche Einheit, noch die Freiheit der Polen.»[11] Doch die Polen ließen sich auch nicht im Namen des Friedens bevormunden und kämpften – trotz Kriegsrecht und Ausnahmezustand – mutig für ihre individuelle Freiheit und nationale Souveränität.

Analyse-Verzicht der linken Intelligenz

Die rasch anwachsende Jugendprotestkultur der Andersdenkenden in der DDR erreichte einen ersten dramatischen Höhepunkt, als am 17. Januar 1988 in Ost-Berlin mehrere Demonstranten festgenommen wurden, die während der «Luxemburg-Liebknecht-Demonstration» ein Transparent mit Luxemburgs Losung «Freiheit ist immer die Freiheit Andersdenkender» zeigen wollten. Die Stasi hatte durch ihr brutales Vorgehen tatsächlich mehr dazu beigetragen, das «Andenken Rosa

Luxemburgs» – so Manfred Scharrer in einem *taz*-Kommentar vom 27. Januar 1988 – «zu ehren, als die Parteiführung an der Spitze der Betriebskampfgruppen» dies je vermocht hätte. Allzu engstirnig negierte ein großer Teil der BRD-Linken in und jenseits der SPD diese ersten Anzeichen für eine vorrevolutionäre Situation. Diese kollektive Tumbheit ist nicht zuletzt auch deshalb eine notierenswerte Tatsache, weil die linksintellektuelle Szene in West-Berlin, Frankfurt am Main, Hannover oder Marburg – übrigens ganz im Gegensatz zur intellektuellen Kultur in Paris – stets am Marxschen Revolutionsbegriff festgehalten hatte. Danach kann es zu einer revolutionären Situation erst dann kommen, wenn die Menschen unten nicht mehr wollen und die Menschen an der Spitze nicht mehr können. Und eine ebensolche Situation trat ja Ende der achtziger Jahre im gesamten Ostblock ein.

Revolutionen seien – so drückte es Karl Marx 1850 einmal lapidar aus – «Lokomotiven der Geschichte». In solchen Zeiten drängten sich in wenigen Wochen Epochen zusammen, die sonst nach halben Jahrhunderten gezählt würden. Trotz dieser bei vielen hiesigen Linksintellektuellen sattsam bekannten Marxschen Reflexionen über die Bedingungen für einen revolutionären Wandel begriffen damals nur wenige linke Sozialwissenschafter und Historiker, daß die DDR-Gesellschaft langsam, aber sicher zerfiel.[12]

«Kultureller Bezug zur Freiheit»

Der deutschsprachige, in Wien geborene und heute im Burgund lebende jüdisch-marxistische Philosoph André Gorz, der dann und wann auch mal die beiden Pseudonyme Michel Bosquet bzw. Gérard Horst verwendet, war im Frühjahr 1959 von der SED als erster französischer Journalist zum 8. Mai 1959 offiziell in die DDR eingeladen worden und kehrte bereits nach wenigen Tagen tief enttäuscht nach Paris zurück. Als langjähriger Mitarbeiter der von Jean-Paul Sartre herausgegebenen Theoriezeitschrift *Les Temps Modernes*, als Chefredakteur von *Nouvel Observateur* und – seit rund zehn Jahren – auch als «Rentner-Schriftsteller» entwickelte sich André Gorz zu einem der wichtigsten Theoretiker der «nichtorthodoxen revolutionären Linken»[13] bzw. – so Harald Wieser liebevoll-boshaft – zu einem «Tempelschänder des Marxismus»[14]. In einem *Spiegel*-Gespräch im Januar 1982 über die

Kritik der Pariser Linksintellektuellen an der abwartenden Haltung der westdeutschen Linken gegenüber der Jaruzelski-Militärjunta formulierte André Gorz einen grundsätzlichen, geschichtsphilosophisch begründeten Vorbehalt gegenüber dem Neopazifismus der Westdeutschen: Seiner Meinung nach gibt es Nationen, deren Schicksale «mit der Idee der Freiheit» verknüpft sind, etwa Polen, Frankreich, Großbritannien und, trotz allem, auch die Vereinigten Staaten. Andererseits gebe es in Europa aber auch Nationen – wie zum Beispiel Deutschland und die Schweiz –, deren «Schicksal mit der Idee der Freiheit nicht verbunden» sei.

Deutschland und Frankreich hätten in diesem Jahrhundert darüber hinaus «unterschiedliche geschichtliche Erfahrungen» gemacht. So habe Frankreich in den dreißiger Jahren «das Leben der Freiheit» vorgezogen. Damals hätten Pariser Intellektuelle Artikel und Bücher mit der pazifistisch-rhetorischen Fragestellung «Sollen wir für Österreich sterben?», «Wollen wir unser Leben für die Sudeten riskieren?» oder «Sollen wir für Danzig sterben?» veröffentlicht. Am Ende habe «Frankreich alles verloren, inklusive der Selbstachtung». Aus dieser historischen Niederlage hätten die Pariser Intellektuellen jedoch gelernt, daß man den «Frieden nicht darauf aufbauen kann, daß man die gewalttätige Unterdrückung anderer Völker akzeptiert». Nicht zuletzt deshalb – so André Gorz in diesem Gespräch – warfen die französischen Intellektuellen ihrem deutschen Counterpart vor, daß sie die Fehler begehen, die «wir vor fünfzig Jahren» bereits begangen haben. Sie verhielten sich gegenüber den Stalinisten in Polen so, wie «wir uns 1938 gegenüber Hitler» verhalten haben. Heute zögen die Westdeutschen «das Leben der Freiheit» vor. Einem solchen Verhalten fehle aber – so Gorz – letztlich der «kulturelle Bezug zur Freiheit»[15].

Hat Egon Bahr in seinem *Vorwärts*-Artikel damals vielleicht auch auf André Gorz' Vorwurf gegen die Polen-Politik der sozialliberalen Bundesregierung geantwortet? Hat der Freiheitskampf der Polen in den achziger Jahren den Weltfrieden wirklich je gefährdet? Oder hat nicht vielmehr der linke Moralist André Gorz mit seiner pessimistischen Einschätzung recht behalten, daß nämlich den westdeutschen Linken der kulturell-aufklärerische Bezug zur Freiheit fehlt? Ist dieser kulturelle Mangel aber wirklich nur ein Problem der westdeutschen Linken? Oder war es in Wirklichkeit nicht so, daß große Teile der politischen Klasse in Bonn längst so Establishment-fixiert gedacht haben, daß sie sich einen erfolgreichen Aufstand von machtfernen Dissidenten, «Solidarność»-Aktivisten und Moralisten längst nicht mehr vorstellen konnten?

Last but not least: Waren in das außenpolitische Denken der damaligen SPD-Politikmacher nicht – wie unbewußt auch immer – Elemente der Bismarckschen auswärtigen Politik eingeflossen, obwohl die Sozialdemokratie historisch mit dieser Politiktradition nichts zu tun gehabt hatte? Der Bismarcksche Gedanke einer «überstaatlichen Interessengemeinschaft» zur allgemeinen Friedenssicherung spielte ohne Zweifel nach dem Bau der Mauer im Jahr 1961 im Zeichen des atomaren Patts erneut eine wesentliche Rolle.

Nachdem nun aber die Nachkriegsordnung endgültig zerbrochen ist, ist auch diese – wie ich sie gerne nennen würde – «zweite Bismarcksche Ära» endgültig vorbei. Die Bundes-SPD wird aus ihrer jetzigen Defensive allerdings nur dann herauskommen, wenn die Partei auch die bisherigen Langzeitziele und die Methoden ihrer auswärtigen Realpolitik überdenkt. So sollte die SPD beispielsweise dafür eintreten, daß die Aufnahme diplomatischer Beziehungen bzw. die Vergabe von finanzieller Entwicklungshilfe zukünftig davon abhängig gemacht wird, daß das jeweilige Partnerland die Einhaltung der Menschenrechte gewährleistet.

Generative Abstinenz

Neben der Vorliebe für eine außenpolitische Gleichgewichtspolitik spielte in der SPD der achtziger Jahre noch eine spezielle generative Konstellation eine wichtige Rolle. Dies will ich an einigen Beispielen verdeutlichen: So warnte etwa im Herbst 1989 Günter Grass (Jahrgang 1927) in einem *Spiegel*-Gespräch davor, daß die «eigentliche Problematik der Gegenwart» durch die «Neuvereinigung Deutschlands» verdeckt werden könnte: «Das Ozonloch wird durch die Annäherung der Deutschen nicht kleiner.»[16] Die ökologische und nationale Frage so miteinander zu verknüpfen, läuft auf eine ziemlich billige Polemik hinaus und geht im übrigen am Kern des ökologischen Problems vorbei. Eine solche Verknüpfung ist aber durchaus nicht untypisch für die Generation der heute 60- bis 65jährigen Vordenker im Umkreis der Sozialdemokratie.

Hierfür läßt sich auch Horst Ehmke (Jahrgang 1927) zitieren, der im April 1988 noch folgende Auffassung vertrat: «Für die europäischen Nachbarn – und zwar im Westen wie im Osten – ist ‹die› deutsche Frage dagegen, was immer in den Verträgen und den Erklärungen steht, die Frage der Aufrechterhaltung der deutschen Teilung.»[17] Heute wissen wir, daß da schon eher zwei jüngere Kritiker der westdeutschen Status-quo-Politik, nämlich der Historiker Peter Brandt (Jahrgang 1948) und der Politologe Günter Minnerup (Jahrgang 1949) recht behalten sollten: Im August 1987 stellten sie in der Zeitschrift *Neue Gesellschaft/Frankfurter Hefte* unter anderem fest, es solle sich niemand der «Illusion» hingeben, daß die «gemütliche Einrichtung der Westdeutschen in die Prosperität der Westintegration und die Konsolidierung der DDR die deutsche Frage» bereits gelöst hätten.[18]

Die Angst vor Deutschland ist dabei keineswegs auf diese Alterskohorte in der SPD begrenzt. Zu denken wäre hier an den gescheiterten Versuch des damaligen CDU-Generalsekretärs Heiner Geißler (Jahrgang 1930) auf dem Wiesbadener Parteitag der Union im Frühsommer 1988, einen grundsätzlichen Kurswechsel in der Deutschlandpolitik durchzusetzen, der letztlich auf einen Verzicht der deutschen Einheit und die Aufnahme von offiziellen Beziehungen zwischen der Volkskammer und dem Bundestag hinausgelaufen wäre. Ehmke, Geißler und ein großer Teil ihrer Alterskollegen im Deutschen Bundestag überschätzten damals die historischen Momente der Kontinuität im Miteinander der etablierten Nachkriegsmächte gegenüber den gesellschaftlichen Faktoren, die besonders in Polen und im Baltikum auf eine radikale Veränderung drängten.

In eine etwas andere Richtung läuft die Argumentation des linksliberalen Frankfurter Philosophen Jürgen Habermas (Jahrgang 1929): Mit Begriffen wie «pausbäckiger DM-Nationalismus» oder «Wirtschaftsnationalismus»[19] artikulierte er eine emotionale Abwehrhaltung gegen den ökonomischen und staatlichen Anschluß der DDR an die BRD. Seine Argumentation übersieht allerdings, daß die DDR-Wirtschaft bankrott und eine – von vielen DDR-Intellektuellen gewünschte – sozialistisch-demokratische Wende in der DDR aus eigener Kraft objektiv nicht mehr möglich war.

Es bleibt die Frage nach den Ursachen dieser generationsspezifischen Abstinenz in der Umbruchsituation der deutsch-deutschen Vereinigung. Günter Grass hat dies in einer Berliner Rede am 25. Februar 1990 am deutlichsten zum Ausdruck gebracht. Zunächst erinnerte er sich an den Schock, den er erlebte, als er 1945 als 17jähriger Flakhelfer in US-Gefangenschaft geriet und dort, mit den Bildern des Grauens aus deutschen KZs konfrontiert, mit vertrotztem Nichtglaubenwollen reagierte. Dieses Schockerlebnis vermischte er mit dem massenhaften Vereinigungswunsch der Bevölkerung in der gerade untergehenden DDR: «Indem ich meinen Vortrag unter die lastende Überschrift Schreiben nach Auschwitz stelle, sodann literarische Bilanz zog, will ich zum Schluß die Zäsur, den Zivilisationsbruch Auschwitz dem deutschen Verlangen nach Wiedervereinigung konfrontieren. Gegen jenen aus Stimmung, durch Stimmungsmache forcierten Trend, gegen die Kaufkraft der westdeutschen Wirtschaft – für harte D-Mark ist sogar Einheit zu haben –, ja sogar gegen ein Selbstbestimmungsrecht, das anderen Völkern ungeteilt zusteht, gegen all das spricht Auschwitz, weil eine der Voraussetzungen für das Ungeheure, neben anderen älteren Triebkräften, ein starkes, das geeinte Deutschland gewesen ist.»[20] So ernst man sein nachträgliches Entsetzen nehmen muß, so fatal wirkt es, die – sicherlich nicht untypischen generationsspezifischen – Nazismus- und Kriegserfahrungen, der, wie ich sie nenne, «HJ- und Flakhelfergeneration»[21], als Begründung dafür zu benutzen, um der Bevölkerung in der untergehenden DDR ihr Selbstbestimmungsrecht abzusprechen.

Die deutsch-deutsche Neuvereinigung erlebten Alterskollegen wie Günter Grass, Horst Ehmke oder Jürgen Habermas (übrigens nicht der sehr viel ältere, durch Widerstand gegen das NS-Regime, Flucht und Exil, spanischen Bürgerkrieg und Kalten Krieg geprägte SPD-Politiker Willy Brandt) dann nur noch als «narzißtische Kränkung». In der Regel war das Denken dieser «HJ-Flakhelfergeneration» bis 1944/45 keineswegs nur durch NS-Terror, Judenmord oder Hunger geprägt worden. Ihr generatives Sozialisationsproblem ist vielmehr – so Peter Schneider in der *Zeit* im März 1987 – eine (unbewältigte) glückliche NS-Jugend in der «Hitlerjugend» bzw. in dem «Bund Deutscher Mädel»: «Es waren Jahre, in denen Jugendliche erwachsen spielen durften, Jahre der Kameradschaft, der Geborgenheit in der Gruppe, des Abenteuers. Diese Spätgeborenen hatten, sofern sie nicht durch ein antifaschistisches Elternhaus davor bewahrt wurden, eine schöne Jugend in all den Jahren...»[22] Wer aus der Alterskohorte das Ende des Dritten Reiches dann als Schlachtvieh im «Volkssturm» erlebte, konnte den blutigen Untergang des Nazi-«Traums» kaum anders denn als «Naturkatastrophe» begreifen. Moralisches Bewußtsein und historisches Denken dieser Generation ist – wen wundert es – nach wie vor durch diese unbewältigte, zugleich aber auch glückliche Jugend im Hitler-Deutschland geprägt. Diese Altersgruppe wird uns und vor allem sich selber diesen Makel nie verzeihen.

Juso-Weltbild

Auch ein Teil der «Enkel»-Generation in der SPD tat sich zunächst schwer mit der deutsch-deutschen Einheit. Ende der sechziger Jahre lief diese Generation kritischer junger Sozialdemokraten Sturm gegen den tradierten sozialdemokratischen Antikommunismus; sie forderte von der Parteiführung eine kritische Aufarbeitung des vorherrschenden undifferenzierten Kommunismus-Bildes. Die «Enkel» Willy Brandts traten auf ihren Kongressen in München, Bremen, Mannheim oder Oberhausen für systemüberwindende Gesellschaftsreformen, eine permanente Demokratisierung der SPD und eine Überarbeitung des Godesberger Programms ein. Teile dieser damaligen Theoriediskussion haben in den achtziger Jahren dann die Beschlußlage der SPD beeinflußt.

Nicht wenige dieser «Enkel» haben in den siebziger Jahren – zunächst noch auf der Ebene der Jugendarbeit, später als Funktionsträger der Partei bzw. der sozialliberalen Bundesregierung – die Brandtsche Entspannungs- und Dialogpolitik in die Praxis mit umgesetzt. Offizielle «Jugendbegegnungen» zwischen dem «Zentralrat der FDJ» und dem Bundesvorstand der Jusos, Arbeitsgespräche mit den DDR-Staatsfunktionären und wiederholte Reisen in die Länder des «realen Sozialismus» gehörten schon bald zum politischen Routinealltag dieser Politgeneration. Man hastete oft von einem Hotel zur nächsten Arbeitskonferenz und hatte für den tristen Alltag der Menschen in der DDR keine Augen mehr. Die An- und Abreise erfolgte bei diesen Stippvisiten in der Regel im eigenen Dienstwagen bzw. in einer Staatskarosse; man übernachtete entweder in einem Interhotel (für Wessis) oder in einem von der Öffentlichkeit abgekapselten Gästehaus der Partei bzw. Regierung. Wer sich allzu lange in dieser «volkseigenen» Luxuswelt für wichtige Partei- und Staatsgäste im «realen Sozialismus» aufgehalten hat, dort nie mit der Straßenbahn oder dem D-Zug, II. Klasse, gefahren ist, zwar dann und wann in einer Konferenzpause kurz einmal eine Tasse

Kaffee mit einem kultivierten Dissidenten getrunken hat, sich ansonsten aber zumeist im Umkreis der Herrschenden bewegte, lief Gefahr, die traurige Realität schließlich für unreal zu halten und wurde 1989/1990 dafür vom realen Leben bestraft. Nur einige wenige «Enkel», wie zum Beispiel der Ex-Juso-Vordenker Norbert Gansel, fanden angesichts der spontanen Massenflucht von jungen DDR-Bürgern über Ungarn in die Bundesrepublik im Herbst 1989 den Mut, statt der bisherigen Politik des «Wandels durch Annäherung» jetzt von der SPD eine Politik des «Wandels durch Abstand» zu fordern.[23]

Die Linke und die Einheit

Leider war die deutsche Vereinigung auf dem Fahrplan der SPD – nach Godesberg – nicht mehr vorgesehen. Der Unterdrückungscharakter des Stasi-Apparates wurde, und zwar nicht nur in Teilen der «Enkel»-Generation, verharmlost, eine «wachsende Zustimmung der DDR-Bevölkerung zur Honecker-Regierung – oft kommentarlos – vorausgesetzt»[24].

In der westdeutschen Sozialdemokratie der siebziger und achtziger Jahre gab es freilich auch einige bemerkenswerte Ausnahmen. Ich denke hier etwa an die demonstrative, innerparteilich keineswegs unumstrittene Teilnahme des Vorstandsmitgliedes der SPD, Peter von Oertzen, am «Freiheit-für-Rudolf-Bahro»-Kongreß in Berlin im November 1978 oder an die engagierte Solidarität der (mittlerweile eingestellten) SPD-nahen Kulturzeitschrift *L'80* mit den osteuropäischen Dissidenten.

Die linke Angst vor einem neuvereinigten Deutschland hat freilich nicht nur generationsspezifische Ursachen. Denn seit der freiwilligen Übergabe der politischen Macht an Adolf Hitler im Januar 1933 ist das Urvertrauen der deutschen Linken in die demokratische Kultur unseres Landes stark gestört. Große Teile der deutschen Linken in und jenseits der SPD machen für diese freiwillige Machtauslieferung an Hitler übrigens nicht nur die großen bürgerlichen Parteien, die Reichswehr, die beiden Volkskirchen und das Industrie- und Finanzkapital verantwortlich; sie mißtrauen, nicht zuletzt angesichts der kampflosen Kapitulation der deutschen Arbeiterbewegung vor der braunen Barbarei, auch der eigenen Politik- und Aktionsfähigkeit in der Krise.

Die Antwort auf den Holocaust in den deutsch-österreichischen Todeslagern der SS kann jedoch nicht die künstliche Spaltung Deutschlands sein. Es geht in unserem neuvereinigten Land vielmehr – dies zumindest haben wir in den Jahren 1967/1968 und 1989/1990 gelernt – um eine radikale Demokratisierung des gesellschaftlichen Lebens. Und dies vor allem aus zwei Gründen: Zum einen ist die Demokratie die humanste politische Daseinsform, die wir kennen; zum anderen hat der autoritäre Charakter (als psychische Voraussetzung für Gewalt und Nazismus) in der Demokratie langfristig keine Chance.

Kein Fairplay

Der auf die Lebenslüge der Reformfähigkeit gegründete Konsens mit dem DDR-Poststalinismus in der alten Bundesrepublik ist zerbrochen. Dieser schlechte Kompromiß mit dem autoritären Regime in Berlin-Mitte wurde nicht etwa durch die politische Klasse in Bonn, sondern durch Gorbatschow und die DDR-Bürgerbewegungen aufgekündigt. Dies ist – um ein Wort von Walter Ulbricht aus den fünfziger Jahren zu zitieren – ein «Fakt». Den ökonomischen Zusammenbruch und die revolutionäre Wende in der DDR haben große Teile des politischen Establishments an Rhein, Ruhr, Main und Isar nicht vorausgesehen und letztlich auch nie gewollt. Die nachträgliche «rechtsstaatliche» Aufarbeitung der DDR-Vergangenheit durch die Ämter und Gerichte der alten Bundesrepublik schafft deshalb in der Ex-DDR fast immer nur neues Unrecht.

Für die Ossis gibt es im neuvereinigten Deutschland noch immer kein Fairplay. Der Freitod des Bündnis-90-Politikers Detlef Dalk aus dem Kreis Bernau ist ein erschreckender Hinweis darauf, wohin die unreflektierte Übernahme der BRD-Rechts- und Verwaltungspraxis in den neuen Bundesländern führen kann. Angesichts des Bernauer Menetekels erklärte Wolfgang Thierse: «Die rücksichtslos-erbarmungslose Art, wie manche – wahrhaftig nicht alle – westdeutschen und westberliner Eigentumsberechtigte ihre Ansprüche gegen Ostdeutsche durchsetzen, läßt keinerlei Rücksichtnahme auf die Probleme der Ostdeutschen erkennen.»[25]

Diese seelenlose Besatzer- und Bereicherungsmentalität gilt aber nicht nur für den von der Bundesregierung im Einigungsvertrag durchgesetzten Grundsatz: «Rückgabe vor Entschädigung» bei der Regelung von Eigentumsfragen im neuen Osten Deutschlands. Altes stalinistisches Unrecht wird dort nur allzuoft durch kapitalistischen Kahlschlag ersetzt. Eine schleichende Bürgerkriegsstimmung in großen Teilen von Brandenburg, Sachsen-Anhalt oder Mecklenburg-Vorpommern gegen die «Besserwessis» ist die Konsequenz.

Durch den bisherigen Verlauf der Neuvereinigung droht in der Ex-DDR darüber hinaus eine künstliche industrielle Sizilianisierung. Tradierte Industrien machen dicht, Facharbeiter wandern in den Westen ab, und die Alten, Schwachen und Kinder bleiben zurück. Demokratie hat aber im neuen Deutschland nur dann eine Chance, wenn es zu einer echten ökonomischen Integration der Ex-DDR kommt. Dies würde voraussetzen, daß die etablierte Politik eine überzeugende industriepolitische Konzeption für die wichtigsten Industriestandorte in den neuen Bundesländern entwickelt. Die Initiative dazu müßte nach Lage der Dinge von der SPD-Bundestagsfraktion ausgehen und auch finanzpolitisch abgesichert werden. Die Gewerkschaften haben dies bereits mehrfach gefordert. Bis jetzt sind jedoch alle parteiinternen Konzeptionen für eine aktive Industriepolitik in der Ex-DDR unter anderem am Widerstand der Nur-Fiskalpolitiker in der SPD-Bundestagsfraktion gescheitert. Solidarität zum Null-Tarif – dies haben Sozialdemokraten eigentlich in ihrer bisherigen fast 130jährigen Geschichte immer gewußt – gibt es freilich nicht.

Anmerkungen

1 Vgl. *Die Linke und die nationale Frage. Dokumente zur deutschen Einheit seit 1945*, hrsg. von Peter Brandt und Herbert Amon, Hamburg 1981, S. 9; vgl. auch: Reiner Dietrich, Richard Grübling, Max Bartholl, *Die Rote Gefahr. Antisozialistische Bildagitation 1918–1976*, Berlin 1976, S. 102f

2 Vgl. Ute Schmidt/Tilman Fichter, *Arbeiterklasse und Parteiensystem*, in: Die Linke im Rechtsstaat, Bd. 1: Bedingungen sozialistischer Politik 1945/ 1965, Red. Bernhard Blanke u. a., Berlin 1976, S. 33 ff und S. 53 f; vgl. auch: Arno Scholz und Walter G. Oschilewski (Hrsg.), *Turmwächter der Demokratie, ein Lebensbild von Kurt Schumacher*, in: Reden und Schriften, Bd. II, Berlin 1953, S. 33

3 Willy Albrecht, *Kurt Schumacher. Ein Leben für den demokratischen Sozialismus*, Bonn 1985, S. 91

4 Walter Dirks, *Der restaurative Charakter der Epoche*, in: Frankfurter Hefte, Zeitschrift für Kultur und Politik, hrsg. v. Eugen Kogon und Walter Dirks, 5. Jg., 1950, faksimile-Ausgabe, S. 992

5 Theo Pirker, *Die SPD nach Hitler*, München 1965, S. 276

6 Hartmut Soell, *Fritz Erler*, Bonn-Bad Goesberg 1976, Bd. 1, S. 367

7 Wolf-Dieter Narr, *CDU-SPD*, Stuttgart 1966, S. 211

8 BPA-Nachrichtenabt., Ref. II R 3, Rundf.-Ausw. Deutschland, DES/ 13.12.1981/22.05/Ge-Fe. Bundeskanzler Helmut Schmidt nach seiner Ankunft in Hamburg über seine Gespräche in der DDR

9 Brigitte Seebacher-Brandt, *Die Linke und die Einheit*, Berlin 1991

10 *Der Streit der Ideologien und die gemeinsame Sicherheit*, in: POLITIK, Informationsdienst der SPD, Nr. 3, August 1987, S. 6

11 Egon Bahr, «*Wie einfach, Freiheit für die Polen zu fordern. In der Debatte über Polen werden viele politische Rechnungen ohne die Zwänge der Realität gemacht*», in: Vorwärts, Nr. 4, 21. Januar 1982, S. 3

12 Zu den wenigen Ausnahmen gehören u. a. Peter Brandt, Theodor Schweisfurth, Herbert Ammon, Günter Minnerup, Wolfgang Seifert und die SPD-Politiker Franz Huppertz, Gert Weißkirchen sowie Teile des SPD-Landesverbandes Schleswig-Holstein. Aber auch Erhard Eppler ging in seiner Ansprache am 17. Juni 1989 vor dem Bundestag auf vorsichtige Distanz zur DDR-Staatspartei. Insofern korrigierte er seine Position im SPD/SED-Dialogpapier, daß die DDR-Gesellschaft reform- bzw. entwicklungsfähig sei.

13 Vgl. Jürgen Altwegg, «*Abschied von der Arbeit: André Gorz*», in: Frankfurter Allgemeine Magazin, H. 517, 4. Woche, 26.1.1990, S. 14

14 Vgl. Harald Wieser, «*Ein Tempelschänder des Marxismus*», in: DER SPIEGEL, 13. April 1981

15 Vgl. «*Respekt für ein solches Verhalten?*» Ein Spiegel-Gespräch mit André Gorz, in: Der Spiegel, 25.1.1982, S. 4–3 ff

16 *«Viel Gefühl, wenig Bewußtsein.» Ein* Spiegel-*Gespräch mit Günter Grass, geführt von Willy Winkler*, in: Der Spiegel, 20.11.1989

17 Horst Ehmke, *«Deutsche ‹Identität› und unpolitische Tradition»*, in: NG/FH, Jg. 35, Nr. 4, April 1988, S. 362

18 Peter Brandt/Günter Minnerup, *«Osteuropa und die deutsche Frage»*, in: NG/FH, Jg. 34, August 1987, S. 728

19 Jürgen Habermas, *Die nachholende Revolution*, Frankfurt a. Main, 1990, S. 205 und 216

20 *Nachdenken über Deutschland*, Vorträge, 5 Bände, hrsg. von Dietmar Keller, Bd. 1, Berlin 1990; vgl. auch die Sammelbesprechung von Herbert Ammon: *«Im Apollo-Saal der Staatsoper Berlin. Dichter, Denker und Politiker. Reden über die deutsche demokratische Revolution»*, in: FAZ vom 4.10.1991

21 Tilman Fichter, *«Generations of Protest»*, in: new left review, Nr. 186, März/April 1991, S. 78 ff

22 Peter Schneider, *«Im Todeskreis der Schuld»*, in: Die Zeit, Nr. 14, 27.3.1987, S. 65 f

23 Vgl. Norbert Gansel, *«Wenn alle gehen wollen, weil die falschen bleiben...»*, in: Frankfurter Rundschau vom 13.9.1989, S. 10

24 Tilman Fichter, *«Demokratisierung statt Spaltung»*, in: NH/FH, Jg. 37, Nr. 8, August 1990, S. 697 ff

25 Vgl. die Pressemitteilung des stellvertretenden Partei- und Fraktionsvorsitzenden der SPD, Wolfgang Thierse, am 6.3.1992 zum Selbstmord des Bündnis-90-Politikers Dr. Detlef Dalk. Presseservice der SPD, 153/92. Die Familie Dalk war 1985 von der Gemeinde Zepernick in das 80 Quadratmeter große Haus des Autoschlossers Thomas Lamla eingewiesen worden, der im Westen geblieben war. 1987 hatte die Familie Dalk das Haus von der Gemeinde für 35 000,– DM gekauft. Jetzt forderte der ehemalige Eigentümer die Immobilie zurück. Vgl. Stern, Heft 12, 12.3.1992, Seite 193 ff

Peter Glotz
Fichter und Fichte*
Eine Replik

I.

Die Entspannungspolitik des Westens gegenüber dem Osten, kurz «Ostpolitik» genannt und von niemand anderem konzipiert als von zwei deutschen Sozialdemokraten, Willy Brandt und Egon Bahr, war einer der Gründe für den Zusammenbruch des sowjetischen Imperiums. Kein Zweifel, sie war nicht der Hauptgrund. Der lag im «realsozialistischen» System selbst: in der Unfähigkeit der zentralen Verwaltungswirtschaft, eine sinnvolle Allokation von Gütern und Dienstleistungen zu gewährleisten, in der Zerstörung menschlicher Initiative durch rigide Kommandostrukturen, in der Entmutigung kritischer Geister und der brutalen Verfolgung von Menschen, die irgendwelche oppositionellen Regungen zeigten. Auch die Hochrüstung hat dazu beigetragen, daß Gorbatschow zuerst das Vorfeld seines Reiches und kurz darauf das Reich selbst zur Disposition stellen mußte. Diese Hochrüstung hat auch die Wirtschaft der Vereinigten Staaten schwer gefährdet, die Wirtschaft der Sowjetunion aber zerstört.

So dialektisch geht es in der Geschichte eben manchmal zu: Neben der offensiven (und hochgefährlichen) Rüstung hat die scheinbar defensive, sanfte Ostpolitik die Kommunisten besiegt. Nur sie hat die Nomenklatura gezwungen, mit den jeweiligen Oppositionsbewegungen einigermaßen vorsichtig umzugehen. Nur sie hat es erreicht, daß die Störsender abgestellt wurden und die Konterinformationen der westlichen Auslandssender die Bürger des östlichen Imperiums erreichen konnten. Nur sie hat es möglich gemacht, daß sich die Zahl der Westkontakte im Osten vervielfacht hat – und dadurch die Kenntnis

* Diese Replik auf Tilman Fichters Essay erschien ebenfalls im April-Heft (1992) der *Neuen Gesellschaft/Frankfurter Hefte*.

alternativer Lebensformen, der Unwille mit dem stockigen, unbeweglichen, spröden und im Zweifel brutalen kommunistischen System.

Angesichts der Erfolge der Ostpolitik ist es um so verwunderlicher, daß in der westeuropäischen, insbesondere aber in der deutschen Sozialdemokratie eine larmoyante, selbstanklägerische und rechthaberische Debatte um die Ostpolitik beginnt. Tilman Fichters Essay «Die SPD und die nationale Frage» ist ein ebenso plastisches wie fragwürdiges Beispiel für diese Tendenz. Wenn die europäische Linke den Geschichtslegenden der europäischen Rechten (die inzwischen ja auch in den meisten mittel- und osteuropäischen Staaten regiert) begegnen will, muß sie dieser Art von Argumentation rasch und entschieden in die Parade fahren.

II.

Fichter argumentiert wie der berühmte Mann, der aus dem Rathaus kommt. Es ist ihm durchaus einzuräumen, daß er seit langem zu jener kleinen, feinen Truppe der national «sensiblen» Geister innerhalb der Sozialdemokratie gehört; wen wundert es, daß diese Truppe derzeit wächst. Aber auch jemand, der wähnt, durch «die Geschichte» bestätigt worden zu sein, muß bei einer Kritik an der Vergangenheit fair in Rechnung stellen, was man in jenen vergangenen Zeiten wissen konnte und was nicht. Dieses Grundprinzip historischer Wertung mißachtet Fichter mehrfach.

- So ist die Kritik am Verhalten Bundeskanzler Helmut Schmidts bei seinem DDR-Besuch im Dezember 1981 unhistorisch. Zu jener Zeit regierte im Kreml der Breschnewismus. Eine Machtübernahme von Solidarność im Jahr 1981 hätte ohne Zweifel den Einmarsch der Sowjets nach sich gezogen. Man kann darüber diskutieren, ob es möglich gewesen wäre, durch eine demonstrative Unterstützung von Solidarność den General Jaruzelski zu rascheren und größeren Zugeständnissen an die innere Opposition zu nötigen. Bei der Polenpolitik der SPD der frühen achtziger Jahre sind in der Tat einige gravierende Fehler gemacht worden; ich komme darauf zurück. Daß Schmidt aber einen Tag nach Verhängung des Kriegsrechtes in Polen die deutsch-deutsche Entspannungspolitik hätte zur Disposition stellen sollen, ist eine fragwürdige Forderung. Schmidt konnte in diesem Augenblick keine Ahnung davon haben, daß im Jahr 1985 ein Gorbatschow Generalsekretär der KPdSU in Moskau werden würde. Es gab keinerlei Anzeichen für die Chance, die Grundpfeiler der Breschnewschen Politik umzustürzen. Wie hätte Schmidt ahnen sollen, daß eine symbolische Geste in Güstrow – als erster Schritt eines langen Weges von vielen tausend Schritten – zehn Jahre später als prophetische Tat gefeiert worden wäre?

- Noch abwegiger ist Fichters Kritik an Egon Bahrs Satz «Kein Ziel rechtfertigt den Krieg: weder die deutsche Einheit, noch die Freiheit der Polen». Dieser Satz war richtig und bleibt richtig. Damals ging es nämlich nicht um begrenzte Kriege wie heute; daß auch sie schrecklich genug sein können, zeigt der nationalistische Konflikt zwischen Serben und Kroaten. Damals ging es um den Nuklearkrieg. Und jeder Politiker, der zu jener Zeit handeln mußte, hatte davon auszugehen, daß das Politbüro der KPdSU jeden Versuch, ein Land aus dem Cordon sanitaire der Sowjetunion herauszubrechen, mit Krieg beantworten würde. Der Satz, die Polen hätten sich «auch im Namen des Friedens» nicht bevormunden lassen, ist monströs. Auch «individuelle Freiheit» und «nationale Souveränität» waren keine Ziele, für die man Millionen Tote in einem Nuklearkrieg hätte riskieren dürfen.

- Zu der langsam landläufig werdenden Kritik an dem Ideologiepapier, das die Grundwertekommission der SPD gemeinsam mit der Akademie für Gesellschaftswissenschaft der DDR publizierte, zitiere ich schlicht einen der Kronzeugen Tilman Fichters, Peter Brandt. Er hat – in der *FAZ* – eine Studie des früheren SED-Funktionärs Manfred Uschner zur Ostpolitik der SPD rezensiert. Brandt: «Uschner läßt keine Zweifel daran, daß die Verhandlungen und Abmachungen mit der SPD auf die SED eher aufweichend als stabilisierend wirkten, namentlich das Ideologiepapier von 1987, und der Dialog von den in der DDR Herrschenden daher auch schon eine ganze Zeit vor der Wende wieder eingefroren wurde.» Ob Peter Brandt und Manfred Uschner die Sache nicht realistischer sehen als Tilman Fichter?

- Bleibt die seltsame Verschwörungstheorie gegen die «Flakhelfergeneration». Was ist eigentlich falsch an Horst Ehmkes kühler Feststellung, die europäischen Nachbarn wären an einer Aufrechterhaltung der deutschen Teilung interessiert gewesen? Nichts. Wieso wird eigentlich die Kritik des Sozialphilosophen Jürgen Habermas am «Wirtschaftsnationalismus» der Bundesregierung durch die Tatsache entkräftet, daß die DDR-Wirtschaft im Jahr 1990 bankrott gewesen ist? Niemand hat das Ausmaß dieses Bankrottes gekannt: Habermas nicht, Fichter nicht, Kohl nicht, die DDR-Forschung nicht, nicht einmal der CIA. Und wollte Günter Grass wirklich der Bevölkerung in der untergehenden DDR ihr Selbstbestimmungsrecht absprechen? Er zweifelte daran, daß eine Zusammenfügung der beiden Staaten Bundesrepublik und DDR sinnvoll sei. Die Ostdeutschen hätten – wäre es nach den Konzepten von Grass gegangen – ihr Selbstbestimmungsrecht in einem eigenen Staat wahrnehmen sollen. Über diese deutschlandpolitischen Auffassungen von Günter Grass kann man füglich streiten. Die Behauptung aber, daß dieser Mann ein gebrochenes Verhältnis zum «Selbstbestimmungsrecht» habe, paßt zu Volker Rühe besser als zu Tilman Fichter.

III.

Ich bestreite nicht, daß im Vollzug der Ostpolitik Fehler gemacht worden sind. Da und dort mag der regelmäßige Kontakt von Funktionären kommunistischer und sozialdemokratischer Parteiapparate falsche Vertraulichkeiten erzeugt haben. Anfang der achtziger Jahre war die SPD in ihren Kontakten mit den polnischen Kommunisten zu vertrauensselig, mit den Oppositionskräften um die Gewerkschaft Solidarność zu furchtsam. Aber es gibt in der Geschichte der Ostpolitik eine Fülle von Gegenbeispielen. Die sozialdemokratischen Politiker Erhard Eppler und Jürgen Schmude haben engen Kontakt zu den oppositionellen Kräften der evangelischen Kirche in der DDR gehalten. Willy Brandt hat einem Besuch in Prag erst zugestimmt, nachdem er die Entlassung des seit vielen Jahren eingesperrten Rudolf Battek erreicht hatte. Ich selbst habe bei mehr als zwanzig Besuchen in der Tschechoslowakei neben der Partei- und Staatsführung immer auch die jeweiligen Sprecher der Charta 77 und andere Oppositionelle gesprochen; Jiři Dienstbier das erste Mal bei einem konspirativen Treffen im Atelier eines Bildhauers. Vor allem aber war das Motiv der engen Kontakte zu den kommunistischen Eliten der Ostblockparteien absolut zwingend. Die Überrüstung erzeugte die Gefahr einer nuklearen Zerstörung Europas und ruinierte, selbst wenn niemals eine Rakete abgeschossen worden wäre, die Ökonomien der europäischen Staaten. Wie mag es kommen, daß trotzdem manche Sozialdemokraten von der Ostpolitik nur noch in entschuldigendem Ton sprechen und zahlreiche angesehene Intellektuelle der nichtkommunistischen Linken links von der SPD inzwischen so tun, als seien die Verhandlungen mit Kommunisten über die Abrüstung so etwas Ähnliches gewesen wie die Kollaboration des Marschalls Pétain mit Adolf Hitler? Wenn die deutsche Linke in ihrer Verteidigung der Opstolitik nicht offensiver wird, als sie es heute ist, werden die Historiker in einer späteren Zeit die Ostpolitik als Konzession an den Totalitarismus darstellen.

Ich erinnere mich an das Gespräch mit Jiří Dienstbier in jenem Bildhaueratelier. Er saß neben dem verfolgten katholischen Priester Vaclav Maly; dieser hockte neben einem Kohleofen und hatte seinen Pullover ausgezogen: der Priester im T-Shirt – die Soutane war ihm verboten. Dienstbier erläuterte mir die innere Struktur seiner Bewegung. Sie bestünde aus drei Elementen: aus Reformkommunisten – Anhängern von Alexander Dubček –, aus katholischen Kreisen vor allem der Slowakei und aus bürgerlichen Antikommunisten, von denen einige wünschten, «dem Bilak (gemeint war der starke Mann der KPČ, Vasil Bilak) eine Atombombe auf den Kopf zu hauen». Man könne derzeit niemanden, der gegen das Regime kämpfe, von diesem Kampf ausschließen. Jeder einzelne werde gebraucht. Aber wir sollten uns ja nicht einbilden, daß all seine Leute von demokratischem Gedankengut durchdrungen seien.

Als sich der Staub der Revolution verzogen hatte, konnten alle sehen, wie recht Jiří Dienstbier damals, im Jahr 1985, gehabt hatte. Einer der in Deutschland am meisten gefeierten Dissidenten gegen die jugoslawischen Kommunisten war der serbische Intellektuelle Vojislav Šešelj, heute der unerbittlichste serbische Nationalistenführer, ein Mann voller Intoleranz und Grausamkeit. Die Biographie von Šešelj entschuldigt nicht die übertriebene Vorsicht von Sozialdemokraten beim Umgang mit Jacek Kuron oder Adam Michnik in Polen. Sie macht aber deutlich, daß sich Ostpolitiker notwendigerweise in vermintem Gelände bewegen mußten. Es ist töricht, die Gleichgültigkeit, mit der viele Konservative zwischen der Konferenz von Jalta und dem Jahr 1989 Osteuropa begegneten, als charaktervollen Antitotalitarismus auszulegen. Es ist aber noch törichter, wenn die Linke zuläßt, daß ausgerechnet ihre, von den Kommunisten als «Sozialdemokratismus» bekämpfte und gefürchtete Politik als eine Art von Kollaboration mißdeutet wird. Genau das aber geschieht, und die Linke läßt es geschehen.

IV.

Wo bei Tilman Fichter der Hase im Pfeffer liegt, kann man an zwei Stellen sehen. Die eine handelt vom «Urvertrauen der deutschen Linken in die demokratische Kultur unseres Landes», das stark gestört sei. Die andere steckt in der Redewendung von der «künstlichen Spaltung Deutschlands». Ein Rüchlein von Rousseauismus und von romantischem Nationalismus umgibt diese Formulierungen.

Urvertrauen? Woher soll es kommen? Aus der (preußischen) Erinnerung an 1807? Den «Freiheitskriegen» folgten die Karlsbader Beschlüsse. An 1848? 1849 versank Deutschland, ohne großen Widerstand des Volkes, in Jahrzehnte der Reaktion. Aus der Erinnerung an die Kriegsbegeisterung des Jahres 1914? Aus der Erinnerung an das Jahr 1933? Mit der Arbeitshypothese, die der österreichische Publizist Günther Nenning formuliert hat, kann ich leben. Er hat vorgeschlagen, daß die Politiker sich immer wieder einmal sagen sollten: Vielleicht sind wir blöd und nicht das Volk. Aber «Urvertrauen»? Dazu gibt unsere Geschichte wenig Anlaß.

Was die «künstliche Spaltung» anbetrifft, zitiere ich einen geschätzten väterlichen Freund Tilman Fichters, den englischen Historiker Eric G. Hobsbawm. In seinem Buch «Nationen und Nationalismus» hat er geschrieben: «Wie die meisten ernsthaften Forscher betrachte ich die ‹Nation› nicht als eine ursprüngliche oder unveränderliche soziale Einheit. Sie gehört ausschließlich einer bestimmten und historisch jungen Epoche an. Sie ist eine gesellschaftliche Einheit nur insofern, als sie sich auf eine bestimmte Form des modernen Territorialstaats bezieht, auf den ‹Nationalstaat›, und es ist sinnlos, von Nationen und Nationalität zu sprechen, wenn diese Beziehung nicht mitgemeint ist. Außerdem schließe ich mich Ernest Gellner an, wenn er das Element des Künstlichen, der Erfindung und des social engineering betont, das in die Bildung von Nationen miteinfließt. (...) Nicht die Nationen sind es, die Staaten und Nationalismus hervorbringen, sondern umgekehrt.»

Fichter sollte Fichte lesen: die schrecklichen «Reden an die deutsche Nation». Die Katharsis, die ihn dann ereilen dürfte, wird es wohl verhindern, daß er je wieder einen Essay wie den über die «SPD und die nationale Frage» schreibt.

Klaus Hartung
Im Spiegelkabinett der Vereinigung
Die neue deutsche Täter-Opfer-Ordnung und
die alten Fluchten aus der Realität

Die gesamtdeutsche Stasi-Frage

Gegenwärtig scheint die Deutschen nur eines wirklich zu einen, und das ist die Stasi. Gemessen an der Intensität, an der Neugier, an der Leidenschaft des öffentlichen Streites ist es jedenfalls die Auseinandersetzung um die Stasi-Vergangenheit allein, die der Phrase von der «Herstellung der inneren Einheit» ein wenig Wirklichkeit verleiht. Das hat vielleicht etwas damit zu tun, daß da die Gewichte zwischen den beiden deutschen Öffentlichkeiten etwas gerechter verteilt sind. Wenn sonst über die Kolonisation durch den Westen geklagt wird, hat der Westler immer noch dieses eine letztendliche Argument, nämlich den Verweis auf die vierzigjährige Mitverantwortung für den großen sozialistischen Ruin. Bei der Stasi-Frage hingegen verläuft der deutsch-deutsche Retourkutschenverkehr ein wenig anders – die letzte Kutsche kommt da auf einmal im Westen an. In dieser Frage ist immerhin die Kompetenz des Ostdeutschen unbestritten. Bei allen anderen Fragen, bei der Reorganisation der Schulen, beim Verwaltungsaufbau, bei Investitionen und Stadtsanierungen zählt ja die Tatsache, daß der Westdeutsche von der Geschichte der DDR und vom Innenleben der realsozialistischen Gesellschaft nichts weiß, im Entscheidungsfalle kaum oder kann gar als Vorteil ausgegeben werden. Im Streit um die Stasi-Vergangenheit jedoch wird dieses Nicht-Wissen immerhin unverstellt erfahren und es muß auch hingenommen werden. Es ist auffällig: Wenn Wolfgang Thierse klagt, daß der Ostdeutsche «moralisch allegemacht» werden soll und Friedrich Schorlemmer vom «Bürgerkrieg zwischen Ost und West» redet, dann steckt in ihren Klagen genau die Selbstgewißheit und Angriffslust, die man sonst vergeblich sucht. Und man spürt, daß sie wissen, wie sehr der Westdeutsche wiederum mit diesen Klagen getroffen werden kann.

Aus der Bürgerrechtsbewegung kennen wir es als bitter-bösen Spruch: Die Stasi sei der einzig dauerhafte Beitrag der DDR zur deutschen Einheit. Aber das ist mehr als nur ein Aperçu. Hier wird eben auch eine ernst zu nehmende und explizite theoretische Position formuliert, die Ingrid Köppe erst kürzlich wieder unterstrich: Die Auseinandersetzung mit dem Alltag der Diktatur gehöre ins Zentrum der deutschen Vereinigungsdebatte. Daß das keineswegs ein forciertes oder nur konstruiert-intellektuelles Argument ist, zeigt schon die westdeutsche Reaktion. Die linke und liberale Öffentlichkeit reagiert bemerkenswert befangen und gebrochen auf die Stasi-Enthüllungen. Sie tut sich offensichtlich schwer mit der moralischen Dynamik, die dabei freigesetzt wird. Die Beschwerde von Ostdeutschen über die Hexenjagd der Presse ist mithin eher eine polemische Fiktion. Tatsächlich macht die westdeutsche Öffentlichkeit mit der Stasi-Frage weniger Politik, als unterstellt wird. Sie streitet verbissen – nicht so sehr über die Sache, sondern über die verbindliche Haltung zur Sache, den Offenbarungen der DDR-Realität nämlich. Das Ergebnis: ein Wust von Vorwürfen, Rationalisierungen und Rechtfertigungen.

Da sind die selbstlosen Freunde der Versöhnung, die sich im Zweifelsfall eher mit dem unstrittenen Humboldt-Rektor Heinrich Fink als mit einer Bärbel Bohley versöhnen wollen. Da sind die Anwälte der Zurückhaltung, die für so etwas wie ein moralisch-politisches «Reservat DDR» plädieren. Auch die Experten der Verschwörung melden sich zu Wort, die in der Stasi-Debatte ein großangelegtes Ablenkungsmanöver erblicken, daß von den «eigentlichen» Themen, von den Treuhandskandalen und dem Eigentumskrieg, wegführen soll. Oft wird auch die Stasi-Vergangenheit relativiert. Nur Nekrophilie errege sich über etwas, was historisch erledigt ist. Schließlich seien die Zukunftsfragen wichtiger. In einer Art Luxus verschwende diese reiche Nation in Mitteleuropa ihre innenpolitischen Energien. Die Osteuropäer werden zitiert, die im deutschen Kampf mit den Aktenbergen teutonischen Masochismus erkennen. Außerdem drücke man sich vor den großen Fragen der Zeit, vor der ökologischen Katastrophe und vor dem Nord-Süd-Konflikt. Und wer die Aufklärung der Stasi-Geschichte ernst nimmt, mahnt gern westdeutsche Selbstkritik an. Wie steht es mit der Aufarbeitung unserer Vergangenheit? Überdies: Wie hätten *wir* uns denn in jener DDR-Gesellschaft verhalten?

Die Aufforderung, vor der eigenen Tür zu kehren, ist natürlich ebenso berechtigt wie platt. Analysiert man dieses Plädoyer aber etwas genauer, entdeckt man eine alte bekannte These. Anfang 1990, als die deutsche Einheit ernsthaft über der Linken hereinzubrechen drohte, gab es hauptsächlich eine Vereinigungsidee: Die neue deutsche Gesellschaft solle so etwas wie eine Kombination der guten Dinge, der «Errungenschaften» beider «Systeme» sein. Eine unpraktische, weil unhistorische These. Jetzt lebt sie in verwandelter Form wieder auf – in der Idee einer Vereinigung, in der beide Seiten die Fragwürdigkeiten ihrer Geschichte aufklären. Die Einheit der Aufarbeiter also.

Alle diese Haltungen haben ihre Plausibilitäten für sich und können sich durch die je politische Gegenhaltung bestärken lassen. Unter dem Strich läßt sich jedenfalls feststellen, daß es kaum eine politische Frage gibt, die nicht in den moralischen Sog der Auseinandersetzung um die Stasi hineingezogen wird. Das westdeutsche Unbehagen, das zwischen dem heißen Wunsch, einen Schlußstrich zu ziehen, und der Neugier auf die nächste Enthüllung schwankt, hat dabei ganz elementare Gründe. Über sie wird allerdings nicht gestritten. Zum einen sind die Westdeutschen in einen Streit um die politische Moral geraten, der quer zu den intellektuellen Frontverläufen liegt. Er kann weder im Links-Rechts-Schema noch im Antagonismus von Macht und Intelligenz abgehandelt werden. Außerdem – und das wiegt wahrscheinlich noch schwerer – müssen die Intellektuellen der alten Bundesrepublik mit Unwillen und wohl auch mit Neid akzeptieren, daß sie bei dieser Frage gar keine Chance auf moralische Meinungsführerschaft haben. Hier gibt die Basis der Grünen immer noch verläßlich Auskunft. Sie wehrt sich ziemlich rüde gegen den Zusammenschluß mit dem Bündnis 90 und spricht den ostdeutschen Bürgerrechtlern das Recht ab, die sozialistische Herkunft vieler Grüner zu thematisieren. Wolfgang Templin, der es wagte, die K-Gruppen-Vergangenheit zu kritisieren, wird zurechtgewiesen: Er habe noch «in den Stasi-Windeln» gelegen, als die Grünen schon gegen den Staat kämpften. Man sieht, der Verlust der moralischen Hegemonie schmerzt.

Es wäre allerdings unsinnig, damit die Frage nach der Vergangenheit der Westdeutschen wegzuschieben. Sie schwebt im öffentlichen Raum. Es bedarf jedoch einiger Anstrengung, sie dorthin zu führen, wo sie sinnvoll ist. Dieser Versuch wird nicht gelingen, wenn man sich nicht mit dem Sinn und der ambivalenten Realität der Stasi-Auseinandersetzung selbst beschäftigt. Gegenwartsbewältigung ist also angesagt.

Der Täter-Opfer-Komplex

Die deutsche Vereinigung hat uns alle in ein allzu dichtes Gedränge von Tätern und Opfern versetzt. Merkwürdigerweise scheint die Öffentlichkeit die Täter-Opfer-Beziehung als sakrosankt hinzunehmen. In dieser Zeit, in der insbesondere in Ostdeutschland alle menschlichen Verhältnisse unter einen Generalverdacht geraten sind, gilt diese Beziehung dennoch als verläßlich und überaus authentisch. Die Medien drängen die Opfer zum öffentlichen Wort, und diese lassen sich auch bitten. Mit noch größerer Energie wird mit den Tätern ums Wort gerungen, und keine Sendezeit ist zu schade, um vor der Nation auch die tonloseste Rechtfertigungsphrase festzuhalten. Ein Talk-Show-Abend ist gerettet, wenn Täter und Opfer sich in zwei Sesseln gegenübersitzen. Die Vergangenheit erscheint nahezu bewältigt, wenn Vera und Knud Wollenberger noch einmal über Ehe und Stasi im Fernsehen sich austauschen dürfen. Täter-und-Opfer-Gespräche werden institutionalisiert wie im Mauermuseum in Berlin. In Leipzig gründeten die Bürgerrechtler gar einen eingetragenen Verein, um den Austausch zwischen Tätern und Opfer auf Dauer zu stellen. Die Öffentlichkeit, aber auch die Akteure selbst scheinen sich in dieser Täter-Opfer-Beziehung wiederzufinden, statt diese endlich zu sprengen. Die Opfer haben dabei keine Zeit, oder sie lassen sich nicht die Zeit, um von der miesen Geschichte loszukommen. Und die Täter haben weder Anstand noch Mut, sich im Spiegel zu sehen und zu schweigen. Im Gegenteil, man gewinnt den Eindruck, als seien diese Veranstaltungen von der Muse der Geschichte selbst gesponsert. Eine tragische Geschwätzigkeit breitet sich aus. Die Öffentlichkeit vermittelt gegenwärtig jedenfalls ein Gefühl, als geschehe das historisch Gebotene, das Optimum und Vorbild gelungener Vergangenheitsbewältigung und praktizierter Versöhnung.

Diese Unternehmungen atmen den Geist protestantischer Gewissensprüfung. Der nichtige IM winselt vor dem unnachsichtigen Gott der Glaubwürdigkeit. Gewissermaßen eine Art Rache der protestantischen Revolution von 1989. Zugleich werden diese Übungen durchaus als therapeutische Anstrengung verstanden. Es gibt öffentlich verhandelte Täter-Opfer-Verhältnisse, die geradezu grotesk dem psychoanalytischen Dreischritt von Erinnern, Wiederholen, Durcharbeiten entsprechen. Eine von geistigem Sauerstoffmangel geplagte Nation macht den

Eindruck, sich schweratmend einer Nationaltherapie zu unterziehen. Daß Joachim Gauck, der Chef der «Stasi-Akten-Behörde», Pastor und Familientherapeut war, ist eine Pointe am Rande.

Dieses Gefühl von Sauerstoffmangel kommt aus der öffentlichen Vorherrschaft des Täter-Opfer-Schemas. Das Verhalten der Betroffenen bei der Akteneinsicht, die in diesen Monaten begonnen hat, will ich davon ausdrücklich ausnehmen. Die Betroffenen verhalten sich erschütternd besonnen. Wenn der sächsische Innenminister Eggert den Psychiater, der versucht hatte, ihn hinter die Mauern einer Anstalt zu bringen, zur Rede stellt; wenn der Schriftsteller Schädlich seinen Bruder, der Inoffizieller Mitarbeiter der Stasi war, mit der gemeinsamen Geschichte konfrontiert; wenn Wolfgang Templin mit den verschiedenen Akteuren der Zersetzungsprogramme, durch die seine Person zerstört werden sollte, rechtet – dann sind das Initiativen, die beträchtlichen Mut erfordern. Es verlangt ein hohes Maß an moralischer Kraft, um sich der Erfahrung zu stellen, daß ein unbekannter Teil des eigenen Schicksals in der Hand der Staatssicherheit lag, und hinzunehmen, daß ein Teil dessen, was zur Geschichte eines Lebens gehört, falsch gewesen war. Andrzej Szczypiorskis Verdacht, daß hier der «typisch deutsche Masochismus» am Werke sei, bestätigen die Bürgerrechtler durchaus nicht.

Aber die Anstrengungen der Selbstaufklärungen und Selbstprüfungen, diese nachholenden Aneignungen der eigenen Geschichte sind ihrem Wesen nach Sache der Person. Hier geht es um persönliche Moral, um individuelle Ansprüche, um die Klärung der eigenen Erfahrungen. All das ist kategorial der Öffentlichkeit entgegengesetzt. Je mehr sich die Öffentlichkeit einmischt, desto mehr verlieren die Personen. Aber auch die Öffentlichkeit gewinnt um so weniger, je mehr sie in der Intimität der Täter-Opfer-Beziehung sich bewegt. Wenn die Details einer Ehe zu dritt, einer Ehe mit der Stasi, ausgebreitet werden, verflüchtigt sich schnell der politische und historische Erkenntnisgewinn. An dessen Stelle tritt das Schaudern über die Abgründe menschlicher Existenz. Einerseits. Andererseits wird die Banalität, die ja auch wahr ist, ans Tageslicht gebracht, daß die Unterschiede zwischen IM und IM gewiß ebenso groß sind wie zwischen Menschen überhaupt.

Allein deswegen, weil dies auf der Hand liegt, ist die Übermacht des Täter-Opfer-Schemas gar nicht so selbstverständlich, wie es im öffentlichen Bewußtsein erscheint. Die Zweifel wachsen zumal, weil es eben auch einen Sog gibt, alle nachträglichen Erfahrungen mit der DDR-

Wirklichkeit in dieses Schema zu bringen. Welchen Bedürfnissen entspricht es also dann? Welche Kräfte stützen es?

Natürlich, der Neugier, die hier nicht diskriminiert werden soll, macht es das Täter-Opfer-Modell zunächst einmal leicht, unmittelbar am Menschen zu sein. Jeder kann sich da orientieren. Niemand muß sich die Mühe machen, sich die Realität der einstigen DDR vorzustellen. Es ist dabei auch verständlich, daß die Bürgerrechtler die klare Trennlinie zwischen Tätern und Opfern eifersüchtig bewachen. Denn fast jeder aufgedeckte Inoffizielle Mitarbeiter hat mehr oder weniger explizit angedeutet, auch er sei Opfer, sei erpreßt worden oder hätte in seinem Leiden, in seiner Schizophrenie viel eher die Last des Systems getragen. Es ist verständlich, daß derlei Rechtfertigungen wütend zurückgewiesen werden. Aber sie sind eben nicht nur zynisch und unverschämt. Zwischen Tätern und Opfern gibt es, sobald in politischen und gesellschaftlichen Kategorien gedacht wird, ein breites Niemandsland. Niemandem, auch keinem Täter kann man verwehren, sich als Opfer der Verhältnisse zu fühlen, weil sich eben niemand um die Möglichkeit bringen läßt, irgendwie mit seiner Schuld zu leben. Allein die Massenflucht auf die Seite der Opfer, die mit der Wende begonnen hat, spricht gegen dieses Täter-Opfer-Schema. Auch etwas anderes sollte vor diesem Schema warnen. Wenn sich die Öffentlichkeit auch moralisch und verbal auf die Seite der Opfer schlägt, wird doch die Neugier und die Suggestion des Interesses weitaus energischer vom Innenleben der Täter gereizt. Die Menschen neigen nicht dazu, sich mit der Möglichkeit, selbst Opfer zu sein, zu beschäftigen. Mit Opfern solidarisieren sie sich mithin ungern. Ihr Heiligenschein schreckt ab. Und außerdem ist die Frage, wie man sich selbst als Täter verhalten hätte, weitaus spannender.

Es ist nicht verwunderlich, wenn die Betroffenen in ihren Akten die Spitzel entdecken und sogleich eine klare Trennlinie zu den Tätern ziehen. Aber es irritiert, daß die Öffentlichkeit, die ja von den westlichen Medien und ihren Kategorien bestimmt wird, dieses Schema derart verabsolutiert. Dabei wächst noch das Lager der Opfer. Die Bürgerrechtler betonen immer wieder, daß nicht nur die unmittelbare Bedrohung durch die Stasi zähle. Sie verweisen auf die gescheiterten Karrieren und geknickten Lebenswege, die die Allherrschaft der Stasi mit sich gebracht hat. Das Bündnis 90 bereitet einen Gesetzentwurf zur Entschädigung dieser Opfer vor. Ohne das Maß an Unrecht und an gebrochenem, unerfülltem Leben in Abrede zu stellen – so erschreckt man denn doch vor den Weiterungen, die ein solcher Politikansatz hat. Aber der Verlust beruflicher Chancen war nur auf der einen Seite Unrecht; auf der anderen Seite ist er immer noch eine historische Realität, Teil des Lebens in der Diktatur. Tendenziell löst das Täter-Opfer-Schema die gesamte DDR-Geschichte auf und bannt sie in ein perverses Kontinuum von Leiden und Unrecht. Kein Wunder, daß dann auch diejenigen, die dem untergegangenen Realsozialismus keine Träne mehr nachweinen und die die Vereinigung begrüßt hatten, sich nicht wiedererkennen und hilflos betonen, das alles so schlimm nun auch nicht war.

Es ist dieser Zusammenhang, in dem das abgründige Unwort vom «Unrechtsbereinigungsgesetz» möglich wurde. Es scheint, die politische Klasse Westdeutschlands und auch die Bürgerrechtler hantieren fahrlässig mit der Fiktion, eine Diktatur lasse sich wiedergutmachen. Und das ist keineswegs selbstverständlich. Auch gründet diese Fiktion nicht auf der Dynamik der Täter-Opfer-Beziehung. Folgt man jedenfalls der politischen Auseinandersetzung um dieses Gesetz, so scheint es nur Grenzen durch die öffentlichen Haushalte und keine politischen oder historischen Grenzen zu geben. Höchst fragwürdig ist es dabei, daß die Idee der Wiedergutmachung des DDR-Unrechts sich an der Wiedergutmachung der Nazi-Verbrechen orientiert. Über die Unvergleichbarkeit der Massenvernichtung mit dem SED-Unrecht will ich hier keine Worte verlieren. Jedenfalls war die historische Wiedergutmachung ein Akt der politischen und historischen Verantwortung für die Nazi-Verbrechen. Ihre konkrete, das heißt bürokratische Ausführung sollte warnen. Nicht zu Unrecht sprachen die Nazi-Opfer von der zweiten Verfolgung. Dort, wo die Wiedergutmachung gewissermaßen ihrem Begriff am ehesten gerecht wurde – bei der Entschädigung der verlorenen Dienstjahre von Beamten –, war ihre Ungerechtigkeit gegenüber den anderen Opfern am größten. Aber nach dem Ende der DDR kollidiert der Begriff der Befreiung von der Diktatur mit dem Begriff einer staatlichen Entschädigung für diese Diktatur. Wie wollen die Opfer sich ihre Vergangenheit aneignen, wenn sie sich zugleich wieder dem Staat und seinem Wiedergutmachungsversprechen überantworten? Wird da nicht das Unglück verewigt?

Zwischen Tätern und Opfern läßt sich zwar eine kategoriale Trennlinie ziehen, und das Opfer kann mit dem Blick auf die Tat sich vom Täter trennen. Aber das Verhältnis von Unterdrückern und Unterdrückten ist komplizierter. Es ist vor allem ein geschichtlicher Tatbestand. Vom erlittenen Unrecht her kann man vielleicht Wiedergutmachung verlangen. Von der Unterdrückung eben nicht. Sie ist ein unauslöschbarer Teil des individuellen Lebens. Selbst wenn die Schuld der Täter zweifelsfrei nachgewiesen würde, sind dennoch die Opfer als Unterdrückte von der historischen Verantwortung nicht frei. Selbst hundert Spitzel können das Individuum nicht von der Frage befreien, ob nicht zuviel hingenommen, zuviel mitgemacht wurde; ob es nicht mehr Anpassung als Protest, mehr Opportunismus als Widerstand gab. Und ob diese DDR-Senilokratie wirklich so lange dauern mußte, oder ob der Aufbruch aus der Nische nicht schon früher eine Chance gehabt hätte? Diese Fragen sind selbstverständlich nicht in Kategorien von Schuld und Unschuld zu behandeln. Noch weniger sind Westdeutsche berechtigt, daraus Anklagen oder Vorwürfe zu konstruieren. Aber die Fragen zu stellen, sind sie berechtigt, weil sie da sind. Doch diese Fragen sind, so scheint es, zu beiden Seiten der inneren Demarkationslinie, die durch Land und Hirne geht, keineswegs beliebt.

Die verdrängte Befreiung

Der Wiedergutmachungsgedanke drängt zu seiner eigenen Perversion. Je mehr Akten gelesen werden, je deutlicher der Täter-Opfer-Zusammenhang der individuellen Vergangenheit ans Tageslicht tritt, desto mehr wiederholt sich der Alltag in der Diktatur. Im Lichte der Täter-Opfer-Beziehung wird die DDR-Realität aktualisiert. Um so brennender ist das Bedürfnis nach Gerechtigkeit, und um so mehr gewinnt die Fiktion an Macht, man könne in den Begriffen von Schuld und Unschuld diese Gerechtigkeit rückwirkend herstellen, entschädigen, wiedergutmachen. Die historische Identität bleibt da auf der Strecke. Der düstere Satz von Bärbel Bohley demonstriert diese Dialektik des Täter-Opfer-Schemas: «Wir haben Gerechtigkeit erwartet. Bekommen haben wir den Rechtsstaat.»

Es gibt also die unterschiedlichsten Interessen, dieses Täter-Opfer-Schema walten zu lassen. Zu welchen politischen Zweideutigkeiten es verführt, zeigt sich schon im zweiten Jahr der Vereinigung. Die Bürgerrechtler, die Avantgarde der demokratischen Revolution, sind ganz automatisch zu Lobbyisten der Unrechtsbereinigung geworden. An diesem Platz werden sie von der politischen Klasse Westdeutschlands auch gerne geduldet. Denn ein wirkliches politisches Bündnis mit ihnen würde alle Prinzipien der Vereinigungspolitik in Frage stellen.

Im Bannkreis der Täter-Opfer-Beziehung scheint alles klar zu sein. Um dieses Begriffspaar sammeln sich eine Menge dichotomischer Begriffe: Schuld und Unschuld, moralische Sauberkeit und moralische Verwerflichkeit, Belastet oder Unbelastet – die juristische und die moralische Dimension wird gleichermaßen angesprochen. Und nicht nur das: Die moralische und juristische Dimension überlagert die politischen und historischen Gesichtspunkte oder verzerrt sie bis zur Unkenntlichkeit. Diese Täter-Opfer-Begriffe verlangen stürmisch die Gewissensprüfung; andererseits erlauben sie es aber auch, die Probleme in den Kategorien des öffentlichen Dienstes abzuhandeln, der ja zwischen Belastet und Unbelastet bei der Einstellung zu entscheiden hat.

An diesem Punkt haben wir es mit einem durchaus unangenehmen Problem der unbewältigten Gegenwart zu tun. Durch den rasanten Zusammenbruch der DDR ist ja die westdeutsche Gesellschaft und Politik von der peinlichen Frage befreit worden, wie denn der politische Kompromiß mit der DDR-Elite im vereinten Deutschland aussehen soll. Diese realsozialistische Elite ihrerseits hatte ja gar keine politischen Ansprüche, sondern nur den heißen Wunsch, möglichst schnell und konfliktlos ins Beamtenverhältnis übernommen zu werden. Selbst die Mitarbeiter des MfS sahen ihre Zukunft durchaus im BKA, im Verfassungsschutz, bei der Kriminalpolizei und dem Bundesnachrichtendienst. Einigen ist ja auch der Amtswechsel geglückt.

Die SED selbst verhielt sich in den entscheidenden Monaten nach der Wende so, als sei sie trotz vierzig Jahren Klassenkampf längst schon auf die Niederlage ihres Systems vorbereitet. Auf dem denkwürdigen Parteitag in der tristen Dynamo-Eissporthalle in Berlin, Ende November 1989, war der politische Leitgedanke, wie man die Parteifinanzen ins neue Deutschland hinüberrettet. Die westdeutsche Gesellschaft war also gar nicht gezwungen, sich der historischen Herausforderung zu stellen, entweder einen politischen Modus vivendi mit der herrschenden Klasse der DDR zu finden oder den Umsturz der Verhältnisse gewissermaßen im Namen der demokratischen Revolution nachzuliefern. Diese politische Frage war beiseite geschoben worden, und die Vereinigung auf Beamtenebene konnte beginnen, das heißt die Abwicklung des alten Systems. Da dann bei der Übertragung aller Verwaltungs- und Rechtssysteme auf die ehemalige DDR sich nur eines nicht mit übertragen ließ, nämlich der Beamtenkörper selbst, gab es und gibt es in der Praxis natürlich eine Menge Schwierigkeiten. Auch da hilft das Täter-Opfer-Schema weiter. Es erlaubt, eine gesellschaftliche Aufgabe in Einzelfragen und Einzelfälle, in eine bürokratische Prozedur der Überprüfung kleinzuhacken. In dieser Vorherrschaft des Täter-Opfer-Komplexes verknäueln sich also die unterschiedlichsten Interessen, ganz abgesehen davon, daß dieses Schema es leicht macht, sich vor der deutschen Realität im Jahre 1992 zu drücken.

Vor allem aber wird damit die jüngste deutsche Geschichte verfälscht, oder das, was falsch und fragwürdig war, bekommt die Oberhand. Diese Täter-Opfer-Kategorie deckt die Begriffe von Unterdrückung und Unterdrückten zu. In der Allgewalt der Stasi-Machenschaften verschwindet selbst die Diktatur. Daß die eigentlich politisch Verantwortlichen, die SED-Funktionäre, aus dem Blickpunkt der Öffentlichkeit geraten sind, wird ja von allen Seiten beklagt. Aber das liegt eben nicht an der Sucht der Medien nach Stasi-Akten und an ihrer Enthüllungspraxis. Diese Medienschelte ist billig und falsch. Es liegt an dem unausgesprochenen deutsch-deutschen Konsens, mit Vorliebe von Tätern und Opfern zu sprechen. Daran beteiligen sich aber Westdeutsche und Ostdeutsche gleichermaßen.

Der Unterdrückte kann nicht auf eine Wiedergutmachung der Unterdrückung hoffen, sagte ich. Aber er kann erlöst werden, durch die Befreiung selbst. Doch im zweiten Jahr der Vereinigung scheint nirgendwo mehr die Erfahrung von Befreiung auffindbar, so daß man sich fragt, ob es sie überhaupt gab. Überall scheint nur die Erfahrung des Verlustes zu dominieren – Verlust an Privilegien, an sozialer Sicherheit, an Vertrautheit. Wahrscheinlich kann ein Westler nie begreifen, was für ein Schock es war, überfallartig die Totalität der Marktwirtschaft zu erfahren. Es ist nur zu verständlich, daß das als fremde Gewalt wahrgenommen wurde. Wer von Kindheit an im Kapitalismus aufgewachsen ist, hat ja den Vorteil, dieses System nie in seiner zersetzenden Totalität erleben zu müssen. Aber dennoch beklemmt es, daß das Erlebnis der Freude und der Freiheit so wenig präsent ist. Bedeutete der Zusammenbruch des Realsozialismus so wenig? Es scheint, daß das Ende der DDR für die Mehrheit ihrer Bewohner so etwas wie eine Massenflucht nach dem Westen unter erleichterten Bedingungen, das heißt ohne Ortswechsel war. Eine Minderheit nur wurde zu sehnsuchtsvollen Hungerleidern des verlorenen Dritten Weges.

Ein überzeichnetes, polemisches Bild? Jedenfalls wurde die Befreiung wohl nur von einer Minderheit als eine einzigartige Chance, die eigenen Lebensverhältnisse zu gestalten, angenommen. In dem Maße, in dem nach der Wende der Ruin des Realsozialismus von den zerstörten Städten bis hin zur verdorbenen Umwelt öffentlich wurde, wuchs auch die Bereitschaft der meisten, sich als Opfer der Verhältnisse von der DDR-Geschichte zu distanzieren. Jetzt hat sich offensichtlich die Opferkategorie in die Zukunft gewandt. Eben noch Opfer des einen Systems, ernennt man sich zügig zum Opfer des anderen Systems. Aus dem deutsch-deutschen Erbschaftsstreit, aus allen Anklagen und Protesten gegen neue Ungerechtigkeit und gegen die sozialen Verwerfungen, die Ostdeutschland bestimmen, läßt sich immer wieder eine Art anklagender Unterwerfung heraushören. Hieß es früher, «die da oben sollen sich 'nen Kopp machen», so spürt man heute das unausgesprochene «die Wessis sollen sich 'nen Kopp machen».

Gesamtdeutsche Komplizenschaft

Ein ostdeutsches Problem ist dies alles längst nicht mehr. Die vielbeschworene zivile Gesellschaft des Westens, die erprobte demokratische Kultur? Seit 1989 beschwören wir Westdeutschen sie immer heftiger. Wir sehen sie durch den wilden Osten bedroht. Vor allem sehen wir uns selbst bedroht. Darum wirkt die westdeutsche Zivilität kaum als kritischer Spiegel oder als Ort einer realistischen Selbstversicherung. Vielmehr schließen wir uns in ihr ab. Wir machen sie zu einer Ideologie der Abwehr.

Die Westdeutschen lehnen den moralischen Rigorismus der Bürgerrechtler ab. Insbesondere die linksliberale Öffentlichkeit fühlt sich ziemlich abgestoßen, wenn ostdeutsche Integrationsfiguren wie Manfred Stolpe mit radikalen Schuldvorwürfen traktiert werden. Bärbel Bohleys böser Angriff gegen Stolpe, er habe mitgeholfen, die DDR-Opposition kleinzumachen und im Streitfall kollaboriert, um die Oppositionellen in die Bundesrepublik abzuschieben, wird als historische Undankbarkeit interpretiert. Da ist man schnell bei der Hand, solche Kritik als Hexenjagd zu denunzieren. Wahrscheinlich ist es die wühlende und verspätete Radikalität, die fortdauernde Energie, mit dem Unrecht in der DDR abzurechnen, die aus den Täter-Opfer-Monologen herausgehört werden kann, die die westdeutschen Intellektuellen als so unangenehm und peinlich empfinden. Versöhnung wird gefordert, Schlußstriche werden herbeigewünscht. Maßstäbe im Umgang mit den Stasi-Akten sollen jetzt *a tempo* formuliert werden. Eine Enquete-Kommission wird vom Bundestag beauftragt, das SED-Unrecht abzuklären und gültige Maßstäbe zu entwickeln. Alles in allem zeichnet sich eine große politische Koalition ab zur Eindämmung einer Epidemie des moralischen Rigorismus, die aus dem Osten zu drohen scheint. Eine innere Realpolitik wird gefordert, die einen *cordon santitaire* um die moralische Entzündung legt.

Man will das alles nicht, was die Opfer mit ihren Akten hervortreiben: dieser ganze schale Geruch aus den ungelüfteten Winkeln der Diktatur. Man will diese Orgie von Kleinmut, Verrat, von Gebrochenheit und schamlosen Vertrauensbruch nicht immer nur hinnehmen. Möglicherweise ist es ein natürlicher und richtiger Impuls der westdeutschen Öffentlichkeit und Politik, wenn sie sich gegen die Tatsache sträuben, daß das alles nun Teil der Innenpolitik im vereinten Deutschland sein soll. Aber so ist es nun einmal, und es wäre sinnvoll, dem in erwachsener Haltung zu begegnen. Statt dessen wird noch weitaus mehr abgewehrt. Es sind gerade die Spitzelberichte, die uns den Alltag der DDR nachliefern. In jedem aufgedeckten Zersetzungsprogramm und Operativvorgang wird noch einmal vergegenwärtigt, wie auf der anderen Seite von Deutschland gelebt wurde. Eine Art von nationalem Fortbildungslehrgang in Sachen DDR-Wirklichkeit ist uns aufgezwungen. Dabei wird durch alles, was der Westdeutsche aus den Archiven der Staatssicherheit erfährt, die Frage immer virulenter, was er hätte wissen können und mithin: was er nicht hat wissen wollen.

Der Unwillen gegen eine radikale Stasi-Aufklärung ist natürlich nur zu verständlich. Es gerät eben vor allem das in Verdacht, was konstitutiv für die beschworene «innere Einheit» der Deutschen ist. Die Durchdringung des Alltags durch die Staatssicherheit konzentrierte sich gerade auf die unruhigen und produktiven Teile der realsozialistischen Gesellschaft: auf den Dissens, der aus den Nischen kam, auf die fragilen Freiräume der Avantgarde, die Opposition im kirchlichen Raum, die internationalen Beziehungen der Wissenschaften, die ganze Schicht der fairen Unterhändler, der Anwälte und Superintendenten, über die die Entspannungspolitik abgewickelt wurde, die politischen Kontakte zu den bundesdeutschen Parteien und schließlich auf den gesamten Bereich der Wirtschaftsbeziehungen. Unter moralischem Verdacht stehen also die Bürgerrechtsbewegungen, die Gründung der SDP, die Basis- und Umweltschutzgruppen, die gesamte «Kirche im Sozialismus». Ganz abgesehen davon, daß die Wende und die Verhandlungen zum Einigungsvertrag längst schon in einen Nebel von Zweideutigkeit geraten sind: es gibt Politiker wie Wolfgang Ullmann vom Bündnis 90, die vom «betrügerischen Bankrott der DDR» sprechen, an dem sich Bundeskanzleramt und Staatssicherheit gleichermaßen beteiligt hätten. Alle diese genannten Bereiche der DDR-Gesellschaft trugen die deutsch-deutschen Beziehungen vor 1989, und aus diesen Bereichen sollen schließlich die politischen Kräfte des Vereinigungsprozesses kommen. Aber nichts wäre falscher, als im Sinne einer höheren Räson der Vereinigung für einen faulen Frieden zu plädieren.

Natürlich ist die These, die Stasi habe die Revolution gemacht, unsinnig – als historische These. Man kann die Zweideutigkeiten nicht in den Begriffen von Schuld und Unschuld auflösen. Aber als beunruhigende Fragestellung der beteiligten Individuen, der Betroffenen selbst, ist sie durchaus ernst zu nehmen. Der Anteil der Stasi, das heißt ihre Politik, wird ohne die Arbeit des Aufdeckens eben nicht sichtbar. So falsch auch immer die Moralisierung historischer Zusammenhänge sein mag, so macht sie doch einen wünschenswerten Druck. Sie packt die Fragen eben hier und jetzt auf den Tisch.

Die politische Klasse Westdeutschlands, die Intellektuellen und wohl auch der Rest der Westdeutschen reagieren verständlicherweise mit Verunsicherung und Aggression auf die Lawine der Enthüllungen. Denn was sich abzeichnet ist einerseits, daß die gesamtdeutsche Politik auf allen Ebenen weitaus intensiver war, als man es sich vorgestellt hatte. Zum anderen merkt man allmählich, wieviel Schattenzonen und unbeantwortete Fragen in der Deutschlandpolitik stecken. Bei allen wichtigen Institutionen, vom Kanzleramt über die Parteizentralen bis hin zu den Kirchen- und Wirtschaftsorganisationen war die Normannenstraße Teil des Verhandlungs- und Kommunikationszusammenhanges. Die westdeutsche Status-quo-Politik hat die Spaltung gemanagt und war wahrscheinlich das einzige und verläßlich-stabile Element für einen sozialistischen Staat, der real und auch im übertragenen Sinne bankrott war. Die Frage, wieviel aktive Toleranz mit der Diktatur diese Stabilitätspolitik implizierte, ist noch unbeantwortet.

Es ist so offenkundig: Sobald die gesamtdeutsche Komplizenschaft ins Licht des Enthüllungsjournalismus kommt, werden die Töne aggressiver. Das macht den Fall Stolpe eben so spannend. Die Fragen, die der *Spiegel* aufgetischt hat, sind alle berechtigt gegenüber jemandem, der in politischer Verantwortung steht. Solange Stolpe nicht wirklich erzählt, was bei den Stasi-Treffs in konspirativen Wohnungen verhandelt wurde, solange er sich in die allgemeine Formel flüchtet, daß der Dienst am Menschen auch manchmal den Pakt mit dem Teufel notwendig machte, ist alles Weiterbohren berechtigt. Vor allem aber sind die übergroßen Persilscheine, die die SPD-Politiker ihrem ehemaligen Berater in deutschlandpolitischen Fragen herüberreichten, höchst verdächtig. Da werden mit summarischer Großzügigkeit die schmutzigen Hände gefeiert. Und jeder scheint genau zu wissen, was der Preis im Umgang mit der Diktatur notwendigerweise sein mußte.

Bekanntlich ging diese Komplizenschaft durch alle bundesdeutschen Lager und vollzog sich quer zum Links-Rechts-Schema. So sympathisierte Franz Josef Strauß, wie es im Briefwechsel mit Schalck-Golodkowski nachzulesen ist, lebhaft mit der Unterdrückung so unangenehmer Dissidenten wie Stefan Krafczyk. So sahen die Organisationen der westdeutschen Friedensbewegung in Bürgerrechtlern eben einen Störfaktor für die Friedenspolitik, die auch eine Politik des undemokratischen Friedens war, des Friedens mit der Diktatur. Wieweit alle politischen Kontakte im Rahmen der Entspannungspolitik zugleich auch verweigerte Kontakte zur DDR-Opposition waren, harrt noch der Aufklärung. Auch die politische Relevanz des Herauskaufens von Oppositionellen ist bei weitem noch nicht ins öffentliche Bewußtsein gelangt. Biermanns Vorwurf gegen den Menschenhändler Vogel wurde seinerzeit ja empört zurückgewiesen. Dabei geht es nicht nur um die moralische Zwielichtigkeit dieses Geld-Menschen-Verkehrs, sondern um die schwerwiegende innenpolitische Bedeutung für die DDR. Über alle diese Fälle, die ich hier lediglich benennen kann, ist ja schon öffentlich gestritten worden. Aber das große historische Design, der ganze Komplex der historischen Verantwortung der Bundesrepublik für die Verlängerung einer Diktatur, die schon 1985 mit dem Beginn von Gorbatschows Perestroika-Politik obsolet und spätestens seit 1987 dem Untergang entgegenging, ist noch längst nicht zum öffentlichen Streitthema geworden.

Der Stabilitätskonsens

Erst langsam beginnt eine Komplizenschafts-Debatte. Das läßt sich aus den zunehmend gereizteren Pauschalrechtfertigungen sozialdemokratischer Politiker zur Entspannungspolitik herauslesen. Diese Gereiztheit läßt sich kaum noch mit der CDU-Polemik erklären, die ja auch nicht neu ist. Immerhin fragen sich einige Sozialdemokraten, wie Gert Weißkirchen, öffentlich, von welchem Zeitpunkt an die Entspannungspolitik zur Kollaboration mit der Diktatur wurde. Allerdings wirft die Rechtfertigungsrhetorik mehr Fragen auf, als man vielleicht will. Jetzt, zum siebzigsten Geburtstag von Egon Bahr wurde noch einmal der historische Erfolg dieser Politik beschworen. Die Politik der kleinen Schritte und der faktischen Anerkennung hat in der DDR eben den politischen Spielraum geschaffen, der dann zu ihrem Untergang führte – das ist die apologetische Formel. Es ist gar keine Frage, daß damit zwar ziemlich abstrakt, aber doch plausibel eine historische Dialektik beschrieben wird. Aber es müßte eigentlich Verdacht erregen, wenn Politiker prätendieren, ganz selbstlos einem inneren Mechanismus der historischen Dialektik zugearbeitet zu haben.

Die politische Verantwortung fordert weitaus mehr: Wenn dieser Zusammenbruch der realsozialistischen Diktatur das eigentliche Ziel der bundesdeutschen Stabilitätspolitik war, dann muß man sich doch fragen, warum es keine Vereinigungsdebatte gab, als die ersten Symptome der inneren Brüchigkeit der DDR offenkundig wurden. Mehr noch: Warum gab es keine politischen Planungen, Konzepte, warum keine gesellschaftspolitischen Analysen für den Vereinigungsfall? Warum überließ die politische Klasse der Bundesrepublik die Politik der Vereinigung den Ministerialbeamten, den Juristen und Konzernzentralen? Oder war es nicht so, daß der große Stabilitätskonsens zwischen allen politischen Lagern der Bundesrepublik viel weniger mit der Aufrechterhaltung des Weltfriedens und der weisen Unterstützung einer emanzipatorischen Dialektik in der DDR zu tun hatte, sondern mit tief verwurzeltem Interesse am Status quo der Ost-West-Spaltung, an der Aufrechterhaltung einer Wohlstandsgesellschaft? Haben wir nicht immer in jenem Luxusjahrzehnt gewußt, wie sehr wir davon abhängig waren, daß die Armut des Ostens hinter der Mauer lag? Zeigt nicht das Fehlen aller Konzepte für einen Prozeß der Vereinigung, in dem die Politik der gesellschaftlichen Transformation der DDR im

Vordergund hätte stehen müssen, das tiefgehende Interesse der westdeutschen Politik am Fortbestand der DDR? Wurden nicht deswegen die Diktatur und mithin die real existierende DDR-Gesellschaft ignoriert und der Einfluß der DDR-Opposition abgewehrt, weil sie natürlich immer wieder gegen jene affirmative Toleranz der Systeme anrannte?

Solche Fragen der Gegenwartsbewältigung stecken jedenfalls in der Vergangenheitsbewältigung. Sie werden zwar auch immer wieder gestellt. Aber übers rhetorische Fragen kommt die Öffentlichkeit kaum hinaus. Natürlich behindern die unmittelbaren Interessenlagen der Regierung, der Parteien, daß die Details der Stasi-Connection mit einer ähnlichen Radikalität aufgeklärt werden, wie jetzt die Täter-Opfer-Verstrickung in Ostdeutschland. Aber auch die kritische Öffentlichkeit, die Linke zumal, stochert nur lustlos im Nebel gesamtdeutscher Komplizenschaft. Auch sie hat natürlich Aufdeckungen zu fürchten. Die ersten Inoffiziellen Mitarbeiter der Stasi bei den Grünen bestärken den Verdacht, daß viel ideologischer Streit über die reine Lehre womöglich fremdgesteuert war. Aber das erklärt noch nicht allein die Zurückhaltung bei der Recherche gesamtdeutscher Abhängigkeiten in der bundesdeutschen Innenpolitik. Ich glaube, vor allem eine vage Erkenntnis lähmt: nämlich das Bewußtsein, daß auch die Linke, die kritische Intelligenz die Angst einer der reichsten Gesellschaften der Erde vor dem Verlust teilte. Das Ergebnis: eine chronische Blindheit gegenüber der gesellschaftlichen Realität im Osten und das totale konzeptionelle Vakuum, in dem sich die Milliarden-Transfers und die «Aufschwünge Ost» bewegen. Die politische Klasse der Bundesrepublik hat sich so verhalten, als habe sie, wie es der ehemalige Hamburger Bürgermeister von Dohnanyi formulierte, mit der DDR ein Stück Land hinzugekauft.

Es wird aber immer noch so getan, als gehe es nur um quantitative Probleme des Transfers von Verwaltungsleistungen, Rechtssystemen, Schulordnungen, Formularen, Finanzen. Natürlich wäre es naiv, ausgerechnet von der Politik ein gesellschaftskritisches Bewußtsein zu erwarten, das selbst bei der linken Intelligenz gänzlich verschwunden ist. Vom Anspruch eines Minimums an Realismus kann man sie allerdings nicht freisprechen. Da bleibt denn doch zu fragen, wie es möglich war, die Vereinigung allein einem Rechtswerk, dem Einigungsvertrag, anzuvertrauen. Die westdeutschen Vereinigungsgeber haben sich so verhalten, als sei die gewendete DDR eine Art gesellschaftlicher Rohstoff, den es zu organisieren und rechtlich zu ordnen galt. Das heißt aber auch, daß die historische Wirklichkeit, das Ende einer Unterdrückung, die Befreiung, im Einigungsprozeß keine konzeptionelle Rolle spielte. Sie war nur Thema für begleitende Rhetorik. Versprochen wurde im Grunde eine westdeutsche Mandatsverwaltung mit dem fiktiven Ziel, alsbald gleiche Lebensverhältnisse herzustellen. Kein Wunder, daß alle wirklichen Probleme Ostdeutschlands als Defizite westdeutscher Versprechen erlebt werden. Hätte die Idee der Befreiung eine konstitutive Rolle bei der Vereinigung gespielt, dann hätte auch die westdeutsche Politik nicht so ungehemmt das westliche Parteiensystem, die westliche Wahlkampfroutine und die ganzen Politikerversprechen in die gewendete DDR hineinschießen lassen. Sie hätte den fragilen politischen Strukturen, die der revolutionäre Herbst hervorbrachte, und die selbst vom Machtvakuum infiziert waren, Macht verleihen müssen. Nur sie wären fähig gewesen, die DDR-Bürger an die politische Verantwortung für ihr befreites Land zu binden. Nichts hat die Kräfte der Veränderung, die Erfahrung eines historisch Neuen und das Potential der Befreiung schneller ruinieren können, als die große Verführung, durch den Anschluß könnten die Ostdeutschen auch der Misere ihres Landes entkommen. Realsymbol und Vereinigungsfiktion zugleich war die Währungsunion.

Wenn es überhaupt ein politisches Modell für die Vereinigung gab, dann war es das der Sanierung. Nicht zufällig rückte neben der Stasi-Krake vor allem eine Erbschaft nach der Wende ins Licht der Öffentlichkeit: die ruinierte Umwelt. Der Silbersee in Wolfen, die strahlende Abraumhalde der Wismut AG, der Dreck in den Flüssen und die erhöhte Kindersterblichkeit, all das waren Realsymbole. Daß die sozialistische Daseinssicherung, die Kommandowirtschaft und das ganze Volkseigentum ohne Rechtsform mindestens ebenso ruinös waren, wurde verdrängt. So kommt es zur schizophrenen Wahrnehmung der Realität: Die Vereinigung gilt als soziale Katastrophe, die der Westen zu verantworten hat. Gleichzeitig ist sie ebenso selbstverständlich ein erfolgreiches Sanierungsprojekt. Im Begriff der Umwelt treten konstruktive Planung, moderne Gesetzgebung, technisches Know-how und eine realistische Perspektive gesünderer Verhältnisse zusammen. Der Kloake und der verseuchten Erde entspringt also die reinste, akzeptabelste und freundlichste Idee der Vereinigung. Der Geist der Nation verwirklicht sich eben an der Stelle, wo er hingehört. Diese Sanierungsidee impliziert natürlich – wenn man sie so allgemein nimmt, wie sie genommen wird –, daß die historische Verantwortung für die Hinterlassenschaft der DDR dem Westen zugeschoben wird. Dem widerspricht allerdings die unerledigte Diktatur, die in der alptraumartigen Intimität von Tätern und Opfern immer wieder aktuell wird. Sie läßt sich eben nicht sanieren.

Die große historische Herausforderung

Auch für die westdeutsche Öffentlichkeit war die Befreiung keine historische Erfahrung, die politische Maßstäbe schaffen könnte. Heute ist von den rührenden Tagen unmittelbar nach der Maueröffnung kaum eine nachhaltige Erinnerung teilnehmender Freude geblieben. Daß sich die Konservativen und erprobten Antikommunisten nun endlich als historische Sieger fühlen konnten, widerspricht dem nicht. Die Linke hat viel zu sehr über den rückwärtsgewandten Triumphalismus der FAZ räsoniert. Man braucht nur Ernst Noltes Nachrede auf den Historikerstreit, der jüngst in dieser Zeitung erschien, nachzulesen. Er fühlt sich historisch zwar gerechtfertigt, bleibt aber der Ideologe jenes Streits, befangen in seiner politischen Rolle im Ghetto des Luxusjahrzehntes.

Bei aller Anteilnahme am Aufstand der Menschen in der DDR blieb bei den Westdeutschen die Angst um die Stabilität dominant. In den Monaten zwischen 1989 und 1990 wurde die politische Klasse von zwei Drohungen paralysiert – von einer nicht mehr beherrschbaren Massenflucht und von der Radikalisierung der Revolution auf den Straßen der DDR. Alle deutschlandpolitischen Konzepte von einer deutschen Konföderation bis zum Beitritt nach Artikel 23 waren in Bonn vorübergehend mehrheitsfähig. Das ganze Bangen um die Fortexistenz der DDR hatte auch bei der Linken nichts zu tun mit einer fundierten Vision der Reformfähigkeit des Sozialismus. Wenn jetzt vehement die Selbstkritik der sozialistischen Weltbilder bei westdeutschen Linken eingeklagt wird, so sind da zwar ehrenwerte Motive am Werke. Ob das aber ein fruchtbares Projekt sein kann, sei dahingestellt. Ich glaube nicht, daß die Linke blind deswegen war, weil sie an einen entwicklungsfähigen Sozialismus in der DDR glaubte. Sondern sie glaubte an den Sozialismus, weil sie blind sein wollte. Überhaupt muß zur Kenntnis genommen werden, daß das ganze Bild der DDR falsch war, weil im Kern die Apologie der Stabilität steckte. Die Rede von der Nischengesellschaft, die gerührte Anerkennung eines DDR-Nationalbewußtseins, die auch militaristische Inszenierungen und preußisches Fahnenschwenken goutierte, und die ganze Rechtfertigung der totalitären Daseinssicherung, die die Menschen mindestens ebenso entmündigte wie die Stasi-Herrschaft, all das blies der Wind der Geschichte dahin.

Aber als Befreiung wurde das in Westdeutschland nicht erlebt. Die Linke zumal leistete sich die Peinlichkeit, den «Verlust der Utopie» zu beklagen, zu einem Zeitpunkt, als die Völker Osteuropas aufbrachen, dem Prinzip Hoffnung zu folgen. Warum wurde die große Veränderung in Deutschland, die Zertrümmerung der alten Weltbilder, die Zerstörung der Lebenslügen am bequemen Rande der Weltspaltung nicht als Stunde der Wahrheit, als eine große historische Frischluftzufuhr erlebt? Ein Grund ist sicherlich: Auch die Westdeutschen hatten ihren Opfertrip. Die westdeutsche Öffentlichkeit ist immer gern bereit, sich in aller Welt zu engagieren, sofern sie die Opfer identifiziert. Darin steckt ein guter Teil unbewältigter Erbschaft des Nationalsozialismus; nämlich der heiße Wunsch, zweifelsfrei und für immer auf der Seite der Opfer zu stehen. Zu welchen Perversionen das führen kann, hat der Streit im Golfkrieg gezeigt. Der Spruch vom «Land der Täter» ist ein Zeichen für die Bequemlichkeit der Opfermythologie. Denn die Täter sind natürlich im Zweifelsfall immer die anderen.

Die DDR selbst galt als Opfer der ungerechten Nachkriegsgeschichte. Ein summarischer Opferbegriff, der ebenso summarisch auf eine Generalversöhnung mit der Diktatur zielt. Die gescheiterten Kommunisten, die man nicht einmal im Ansatz für eine potentielle politische Kraft hielt, sollen ins große deutsche Versöhnungswerk kommen. Dabei kollidiert dieser Opferbegriff natürlich mit dem der Bürgerrechtler. Eine Kollision, in der eine Mehrheit der Opfer sich um den Täterbegriff streitet.

Was dabei verlorengeht, ist der unverstellte Blick auf die einzigartige historische Aufgabe. Das ganze System der Diktatur ist dem Rechtsstaat zur Abwicklung überstellt worden. Darauf ist die westliche Zivilisation der Bundesrepublik in keiner Weise vorbereitet. Ob man dafür vorbereitet sein konnte, bezweifle ich. Der moralische Rigorismus, der allein in der Tatsache liegt, daß die Mehrheit der Ostdeutschen sich über ihre Rolle in dem Unterdrückungssystem klarwerden muß, ist eine geschichtliche Realität. Der Stein wird umgedreht. Und es kommt alles darauf an, diese Erfahrungen in erwachsener Haltung durchzustehen. Natürlich sind Gesellschaften nicht dafür geschaffen, die Glaubwürdigkeit und Unschuld ihrer Mitglieder restlos zu überprüfen.

Aber die große Herausforderung liegt eben darin, daß die Opfer zum erstenmal in der deutschen Geschichte gezwungen sind, in der Auseinandersetzung mit ihrer Geschichte zugleich den zivilen Umgang der Menschen miteinander zu gestalten. Das künftige Zusammenleben ist mithin nicht einer inneren Realpolitik überlassen. Das ist der Stachel der Stasi-Debatte. Das ganze Buch – die Gefährdung der Humanität, die Bestechlichkeit durch das Ideal, der Glaube als Komplize der Unterdrückung, das Elend des Opportunismus – wird öffentlich. Noch einmal wird das 20. Jahrhundert, das Jahrhundert der deutschen Diktatur verhandelt, unter der breiten Beteiligung der Menschen. Die Verantwortlichkeit des «kleinen Mannes» wird in die Hände des kleinen Mannes gelegt. Ich glaube, daß die Chancen nicht so schlecht sind, daß am Ende der Stasi-Debatte ein humaner, aktiver Skeptizismus stehen wird. Die Voraussetzung ist allerdings, daß das Täter-Opfer-Schema von den Opfern selbst zerbrochen wird. Das wäre eine Katharsis, die das Land braucht.

Spiegelkabinett, oder: Der doppelte Homo sociologicus

Es ist ein in der Öffentlichkeit kursierender Topos, daß sich die deutsche Spaltung vertieft. Dabei wäre es natürlich müßig, darüber zu streiten, ob es so ist, oder ob wir erst jetzt der Realität der Spaltung ansichtig werden. Sicher ist, daß es angstbesetzte Abstoßungsvorgänge gibt. Der Westdeutsche hat Angst zu verosten, und der Ostdeutsche sieht sich in den ganzen zerstörerischen Erfahrungen der gesellschaftlichen Transformation allein gelassen. Aber die Deutschen tun sich ohnehin schwer, dieses Ineinander von Nähe und Fremdheit, von Gleichzeitigkeit und Ungleichzeitigkeit anzunehmen. Daraus resultiert gewiß auch die miese Stimmung im Lande, die die europäischen Nachbarn nicht begreifen können. Sie bedingt auch die Schwerblütigkeit, sich mit der anspruchsvollen und übermächtigen historischen Dimension auseinanderzusetzen, in die sich die Deutschen gänzlich unvorbereitet verwickelt sehen. Vor allem eine Erfahrung ist es, die zutiefst verunsichert und nur in Deutschland möglich ist, wo die scheinbar gleiche Sprache, die vermeintliche Kongruenz von Kultur und Lebensweisen eigentlich eine gegenseitige Grundvertrautheit garantieren müßten.

Um es mit einem Vergleich zu versuchen: Es kann bei einem Blick ins Schaufenster passieren, wenn ich für einen Bruchteil einer Sekunde nicht realisiere, daß da ein Spiegel war; es kann auch bei einem Blick in eine Reihe von Fernsehern geschehen, wenn ich das auf mich gerichtete Fernsehauge übersehe – immer dann erlebt man einen höchst unangenehmen und vor allem nachhaltigen Schock, wenn man das eigene Abbild für einen winzigen Augenblick lang sah, ohne sich selbst zu identifizieren. In diesem Moment, in dem man sich sieht, ohne sich zu erkennen, mag man sich überhaupt nicht. Schockierend ist da wohl vor allem der Riß in der Glasur, die Schädigung des narzißtischen Panzers. Analog sehen sich die Deutschen in einem Doppelspiegel – ohne narzißtischen Schutz. Der Westler erlebt sich in den Reaktionen des Ostlers als laut, aufgeplustert, präpotent, aggressiv und unsensibel. Und wird auch so erlebt. Der Ostler erblickt sich in seiner Leisetreterei, seiner Jammerei über den unbekannten Verlust, in seiner frustrierten Anspruchshaltung. Er sieht sich als introvertierter Nischenmensch oder als initiativarmer Verbraucher staatlicher Daseinssicherung. Und er wird auch so gesehen. Die Deutschen sind gewissermaßen ohne Vorwarnung in eine psychoanalytische Situation geraten und gehen abrupt zu aggressiven Deutungen über – in der Psychoanalyse ein schwerer technischer Fehler.

Was ich hier zu umschreiben versuche, ist weit mehr als eine sozialpsychologische Stimmungslage. Es handelt sich vielmehr im präzisen Sinne um eine Kollision gesellschaftlicher Systeme in der unmittelbaren Selbstwahrnehmung der Individuen. In einem andauernden Schock erleben die Ostdeutschen und Westdeutschen, wie ihre Individualität selbst zur Bühne des Streits der Gesellschaften wird. Die Vereinigung hat den Homo sociologicus hervorgetrieben, und der hat nicht nur eine doppelte Herkunft, eine kapitalistische und eine realsozialistische. Da kommt auch die tiefe Kränkung hinzu, daß die Ostdeutschen und die Westdeutschen, wenn sie aufeinandertreffen, eben (zunächst einmal) nicht ihre Individualität darstellen, sondern sich geradezu zwanghaft in ihrer Sozialisation, gewissermaßen als Agenten ihrer Systeme äußern. Die Erfahrung dieser beiden Vereinigungsjahre hat ein Übermaß an

Gesellschaftlichkeit gebracht. Mit dem wird man deswegen so schwer fertig, weil vor allem die Sprache notwendigerweise Nähe und Zusammengehörigkeit der Deutschen fingiert. Es fehlt die Sprache der Fremdheit. Wer ist schon bereit zu akzeptieren, daß man die Sprache seines Gesellschaftssystems spricht. Die Deutschen, die Nation Hegels, sind abrupt in eine Art Alltagshegelianismus geraten und müssen – um eine einigermaßen erträgliche Form des Zusammenlebens zu finden – die Identität von Identität und Nichtidentität begreifen. Keine leichte Aufgabe. Eher ist es eine Strafe für das Volk der Philosophen.

Dieser deutsch-deutsche Spiegelschock macht es nicht gerade leichter, den Überfall von gesellschaftlichen Erfahrungen im Alltag zu bewältigen. Die Deutschen erleben den rohen Unterschied der Gesellschaften als persönliche Ideosynkrasien. Je enger und intimer man in einem Arbeitsverhältnis steht und miteinander verstrickt ist, desto schärfer wirken die idiosynkratischen Dynamiken der Abstoßung.

Ich erlebe das Problem in verschärfter Form, seitdem ich bei einer ostdeutschen Zeitung arbeite. An gegenseitigem Verständnis mangelt es da gar nicht. Eher herrscht ein Übermaß an Einander-verstehen-Wollen. Auch privat gibt es Sympathien. Aber sobald wir konferieren, kommt es über uns. Ich werde immer westlicher, rabiater, arroganter, erkläre mit erschreckender Verve, was die Marktgesetze sind. Und die ostdeutschen Redakteure klagen prompt und routiniert über den westlichen Kolonialismus und jammern über den Verlust der vielen guten Seiten des Sozialismus. Natürlich hat das alles den Charakter einer späten Reunion einer Großfamilie, die plötzlich, nach der ersten Umarmung, in einen tödlichen Erbschaftsstreit geraten ist. Das hat seine Komik, und wie schön wäre es, wenn man darüber lachen könnte. Aber die gesellschaftlichen Orte, wo man den Abstand findet, wo man das Innere von außen sehen kann, mangeln eben.

Der Ostdeutsche ist mit der Vereinigung in einen bis in die Privatheit hineingehenden Transformationsprozeß der Gesellschaft gerissen worden. Aber auch der Westdeutsche spürt indirekt die Auswirkungen. Mit dem Inkrafttreten des Einigungsvertrages wurde nicht nur das Rechtssystem, die Verwaltung, die Schule, das Gesundheitswesen und sofort verändert. Der Ostdeutsche wurde mit seiner Person, als Homo sociologicus, aus der sozialistischen Dauerzukunft in die kapitalistische Gleichzeitigkeit geworfen. Er erlebte das «Säurebad der Moderne» (Max Weber) im Zeitraffertempo. Es zersetzt Nachbarschaften, Herkunft, Weltbilder und die Gemeinsamkeiten der Sprache. So fühlt er sich als Emigrant im eigenen Land. Kein Wunder, daß der größte Teil der Ostdeutschen sich in einem Land wähnt, wo sich alles gegen sie verschworen hat. Folglich häufen sich die Verschwörungstheorien.

Diese komplizierte, oft selbstzerstörerische Intimität und Introspektion hat die Deutschen zunächst einmal weit abgetrieben von der europäischen Normallage und Normalzeit. Ich glaube, daß dieser Zustand durchgestanden werden muß. Aber vorerst treiben die beiden Hälften Deutschlands auseinander. Wenn ich von Berlin nach Hamburg oder Bonn reise, komme ich inzwischen in eine andere Welt, ja aus einer anderen Zeit. Der Alltag im Osten ist hastiger, roher, aber auch dynamischer. Der Unterschied zu der gelassenen, zivilen, aber auch überaus kompakten westdeutschen Kultur hat sich vertieft. Die Westdeutschen klammern sich mehr denn je an ihre westeuropäische Identität, während die Ostdeutschen damit beschäftigt sind, nicht osteuropäisch zu werden.

Was aus diesem Spiegelschock wird, ist schwer zu sagen. Jedenfalls ist das *die* konstitutive nationale Erfahrung. Ob sie so unerträglich bleibt, so daß nur ein neuer Nationalismus als Fluchtadresse überzeugen kann, sei dahingestellt. Wird die Nation erneut auf einen Sonderweg getrieben, der zwischen teutonischer Introspektionslust und Großmachtpolitik schwankt? Ausländische Beobachter, wie der Leitartikler der *Weltwoche*, Klaus Harpprecht, spüren wohl zu Recht einen neuen deutschen «Autismus». Aber die polemischen Visionen der klassischen Gefahren der deutschen Ideologie helfen da nicht weiter. Denn die Erfahrungen sind radikal. Der Vergesellschaftung seiner eigenen individuellen Existenz innezuwerden, ist üblicherweise besonderen Momenten vorbehalten. Entweder bedarf es der Veranstaltungen der Meditation, der rituellen Ablösung von der Realität. Oder es verlangt nach einer historischen Situation, einer kulturrevolutionären Bewegung, wie der 68er Bewegung. Sie gab immerhin die Sicherheit, frontal das bürgerliche Individuum zu erfahren. Aber 1992 haben wir es mit Alltagserfahrungen zu tun. Zumal in einer Zeit, wo es keinerlei intellektuelle Kultur mehr gibt, in der ein utopischer Begriff von Gesellschaftskritik noch eine Rolle spielt. Im Gegenteil, die Intellektuellen sind redimensioniert und wie alle anderen gleichermaßen dieser radikalen Erfahrung ausgesetzt. Auch sie erleiden und leiden unter dem Schub von Erfahrungen roher gesellschaftlicher Totalität. Die Vereinigung, als sozialer Prozeß, hat außerdem das ganze gesellschaftliche und ideologische Substrat zermürbt und zerstört, das Intellektuellen eben die Grundlage für ihre kritische Distanz zur Gesellschaft gab. Im Osten ist es der direkte Verlust an Privilegien, an Schriftstellerheimen, Clubs, Renten, Auflagegarantien und Westkontakten, der den Zorn motiviert. Im Westen schmerzen andere, gleichsam immaterielle Einbußen: der Verlust der öffentlichen Rolle, der sakrosankten kritischen Instanz, des direkten Zugangs zum Gewissen der Nation. Diese Verluste schmerzen um so mehr, weil es schwerfällt, sich unmittelbar darüber zu beklagen. Es widerspricht schließlich der Rolle des Intellektuellen, Interessenvertreter solcher Vorteile zu sein. Aber es ist dieser Hintergrund, der intellektuelle Kapuzinerpredigten gegen die Vereinigung gegenwärtig so komisch erscheinen läßt.

Nichts ist derzeit so verführerisch wie eine summarische Intellektuellenschelte, allein schon deswegen, weil die Anklagen der Intellektuellen gegenüber der Vereinigung ebenso summarisch sind. Aber das wäre ein fragwürdiger Versuch. Er würde unterstellen, daß die Muse der Geschichte für besondere Rollen oder besondere Aufgaben im Prozeß der deutschen Vereinigung die Intellektuellen vorgesehen hatte. Es scheint, daß es nicht so war. Aber diese Erfahrung läßt sich offenbar nur schwer annehmen und nutzen. Was aber hat die deutschen Intellektuellen in eine so dramatische Schieflage angesichts radikaler gesellschaftlicher Veränderungen gebracht? Ist es die Kränkung, daß der Weltgeist, zu dem sie einen privilegierten Zugang beanspruchten, in den entscheidenden Monaten ausgerechnet mit Vorstandsvorsitzenden, Ministerialbürokraten und Parteipolitikern flirtete? Diese gewissermaßen welthistorische Kränkung wird noch lange nachklingen bis sie zu einer Geburtshelferin neuer Philosophien wird.

Aber es gibt zwei benennbare Erfahrungen für das Versagen der deutschen Intellektuellen. Sie entspringen dem deutsch-deutschen Spiegelschock. Es gehört wahrscheinlich zu den lebensnotwendigen Fiktionen der intellektuellen Existenz, in einem besonderen Verhältnis zu den Werten und Prinzipien einer Gesellschaft zu leben und ihr Potential der Zukunft zur Sprache bringen zu können. Nun hat der Ruin des Realsozialismus gerade diese gesellschaftliche Fiktion brutal zerstört. Das Ende der DDR hat uns einen epischen Roman über den Verrat der Intellektuellen überliefert. Die tristen Gestalten eines Anderson, eines Böhme oder eines Wollenberger zeigen, in welchen Sumpf und in welche Widerwärtigkeit ein Leben führen kann, daß sich der Zukunft oder

der Autonomie der Kunst verpflichtet. Gerade die Verschwisterung höchster Werte mit größter Niedrigkeit ist das intellektuelle Thema dieser Zeit. Aber nicht für deutsche Intellektuelle, wie es scheint. Andrzej Szczypiorskis Forderung, statt masochistischer Stasibewältigung den großen Roman zu schreiben, ist in diesem Zusammenhang ziemlich heimtückisch.

Der andere Grund, der es Intellektuellen offenbar erschwert, die Erfahrungen dieser Zeit fruchtbar zu machen, entspringt einer tabuisierten Überzeugung: Irgendwie gehen sie hüben und drüben davon aus, daß es gerade die Gesellschaftskritik sei, die die Intellektuellen in der deutschen Vereinigung am ehesten vereinen könnte. Nichts ist weniger wahr. Tatsächlich gibt es ein höchst zweideutiges Amalgam von westlichem Linkskonservativismus und östlicher Nostalgie. Die frustrierte Intelligenz beider deutschen Länder entdeckt, wie genau die Begriffe des Grundlehrgangs des dialektischen Materialismus jetzt endlich zutreffen. Im Medium des unbekannten Verlustes zeigt sich ihnen der neudeutsche Manchesterkapitalismus.

Aber außer dieser gegenseitigen Bestätigung bringt dieses Lamento nichts als die Bestätigung der Ohnmacht. Paradoxerweise wird gerade das zur Grundlage der Anklagen genommen, was nun die große Lebenslüge der Vereingung ist: Die Einheit Deutschlands als «Herstellung gleicher Lebensverhältnisse». Mehr noch als die populistischen Vereinigungspolitiker scheinen die Intellektuellen am Sinn der «inneren Einheit» und am Ziel gleicher Lebensverhältnisse festzuhalten, um dann prompt die tiefe Spaltung der deutschen Gesellschaft und den westlichen Kolonialismus anzuklagen. Das ist insofern ein ironischer Tatbestand, weil die deutschen Intellektuellen mit der Vereinigung überall die nationalistische Gefahr, die «Vereingungseuphorie», die es nicht gab, den Griff nach der Weltmacht, zu dem niemand Lust hat, zugange sahen; aber jene Lebenslüge von der Herstellung gleicher Lebensverhältnisse, die am ehesten ein nationalistisches Potential impliziert, akzeptierten sie ganz selbstverständlich als Grundlage der Kritik. Es wäre die präzise Aufgabe der Intellektuellen gewesen, die Lüge vom Gesellschaftstransfer von West nach Ost zu bekämpfen. Sie hätten die Sicht dafür freimachen müssen, daß die Transformation der DDR-Gesellschaft nichts weniger verlangt als eine großangelegte Gesellschaftsreform. Sie hätten an der Spitze der Einsicht stehen müssen, daß alles, das Bildungssystem, die sozialstaatlichen Garantien, das öffentliche

Subventionswesen und das Verhältnis von Arbeitgebern und Gewerkschaften, in einer umfassenden Mangelsituation neu durchdacht werden muß. Allerdings: um diesem Anspruch gerecht zu werden, müßten die Intellektuellen etwas mehr Sympathie für die destruktive Kraft des Kapitalismus zeigen. Aber ein destruktiver Charakter ist auch im vereinten Deutschland verpönt.

Die zersetzende Macht des Kapitalismus, die jetzt das «Gehäuse DDR» (Jens Reich) zerbricht, hat ja ihre produktive Seite. Sie zerstört die entmündigende Daseinssicherung. Bei allen Zersetzungsprozessen entwickelt sich dabei auch eine neue politische Generation: Dezernenten, Beamte aus dem Westen, die nun eine Sechzigstundenwoche haben, Minister, die gerade eben noch Dissidenten in einer sozialistischen Nische waren, Ingenieure, die lernen zu improvisieren. Aus diesen Leuten konstituiert sich das Subjekt einer gesellschaftlichen Reform. Der sächsische Ministerpräsident Kurt Biedenkopf sprach in einer Rede vom «revolutionären Änderungsprozeß», dessen Notwendigkeit dann sichtbar wird, wenn die Fiktion der «Herstellung gleicher Lebensverhältnisse» aufgegeben werde. Diese neuen Politiker brauchen die *tabula rasa*, um gestalten zu können. Was sie aber tun, wird weder von der Öffentlichkeit noch vom Streit der Intellektuellen begleitet. Die verweigern sich dem schlechten Neuen, weil sie das Ende des guten Alten nicht hinnehmen.

Dennoch: die Chance soll hier nicht «weggeschrieben» werden. Die *tour de force* radikaler Gesellschaftserfahrungen kann noch immer ein Inzitament intellektueller Leidenschaft sein. In diesen zwei Jahren der Vereinigung haben wir mehr als in all den Jahren zuvor erfahren, welche menschliche Niedrigkeit, welche Egoismen, welche Asozialität zum sozialen Alltag gehören. Es sind Prüfungsjahre für die zivile Gesellschaft. Die Prüfung betrifft Ostdeutsche und Westdeutsche gleichermaßen.

Zu den Autoren

Henryk M. Broder, geb. 1946, freier Journalist in Jerusalem, zur Zeit in Berlin, jüngste Buchveröffentlichung: «Ich liebe Karstadt und andere Lobreden», Augsburg 1987.

Tilman Fichter, geb. 1937 in Berlin, derzeit Referent für politische Bildung beim Parteivorstand der SPD; jüngste Buchveröffentlichung: «SDS und SPD. Parteilichkeit jenseits der Partei», Opladen 1988.

Peter Glotz, geb. 1939, seit 1983 Chefredakteur der Zeitschrift «Neue Gesellschaft/Frankfurter Hefte», Mitglied des Bundestages.

Klaus Hartung, geb. 1940, Journalist der «Wochenpost» in Berlin, jüngste Buchveröffentlichung: «Neunzehnhundertneunundachtzig», Frankfurt am Main 1990.

Karl Otto Hondrich, geb. 1937, Professor für Politikwissenschaft an der Johann-Wolfgang-Goethe-Universität in Frankfurt; jüngste Buchveröffentlichung: «Lehrmeister Krieg», Reinbek 1992.

Claus Leggewie, geb. 1950, Professor für Politikwissenschaft an der Justus-Liebig-Universität in Gießen; jüngste Buchveröffentlichung: «Multikulti. Spielregeln der Vielvölkerrepublik», 2. Aufl. Berlin 1990.

Horst Meier, geb. 1954, Jurist und Autor, lebt in Hamburg.

Chaim Noll, geb. 1954, freier Schriftsteller, lebt in Berlin; jüngste Buchveröffentlichung: «Nachtgedanken über Deutschland», Reinbek 1992.

aktuell ESSAY

Peter–Jürgen Boock
Schwarzes Loch im Hochsicherheitstrakt
(aktuell 12505)
«Mein Bericht über die Hochsicherheitshaft ist parteiisch und soll es auch sein. Hochsicherheitshaft zerstört Menschen, ihre Psyche wie ihre Physis, dazu kann es keine "neutrale" Position geben.
Jürgen–Peter Boock

István Eörsi
Erinnerung an die schönen alten Zeiten
(aktuell 12990)
1956, nach dem ungarischen Volksaufstand, wurde István Eörsi, Anhänger von Imre Nagy und Schüler des später verfolgten Georg Lukács, verhaftet. Dreißig Jahre danach erinnert er sich ...

Alain Finkielkraut
Die Niederlage des Denkens
(aktuell 12413)

Václav Havel
Briefe an Olga *Betrachtungen aus dem Gefängnis*
(aktuell 12732)
Versuch, in der Wahrheit zu leben
(aktuell 12622)
Am Anfang war das Wort
(aktuell 12838)
Die Angst vor der Freiheit *Reden des Staatspräsidenten*
(akutell 13018)
«Ist nicht das Gefühl der Lebensleere und des Verlustes des Lebenssinns nur der Aufruf, nach einem neuen Inhalt und Sinn der eigenen Existenz zu suchen? Sind es nicht gerade die Augenblicke der tiefsten Zweifel, in denen neue Gewißheiten geboren werden?»
Václav Havel

Václav Havel
Essay
Angst vor der Freiheit
Reden des Staatspräsidenten

Robert Havemann
Die Stimme des Gewissens *Texte eines deutschen Antistalinisten*
(aktuell 12813)
Vom Volksgerichtshof unter Freisler zum Tode verurteilt, als Leiter des Kaiser-Wilhelm-Instituts in Berlin-Dahlem fristlos entlassen, in der DDR seiner Ämter enthoben und aus der Partei ausgeschlossen - Robert Havemann war ein unbequemer Zeitgenosse für das SED-Regime.

Gunter Hofmann
Willy Brandt – *Porträt eines Aufklärers aus Deutschland*
(aktuell 12503)
«Willy Brandt war kein Held. Und er ließ das erkennen. Er war sich seiner selbst nicht ganz sicher. Politiker mit Schwächen kannte man, aber wenige, die sie zeigten. Er habe gelernt, "an die Vielfalt und an den Zweifel zu glauben", gestand er, als ihm der Friedensnobelpreis verliehen wurde.»

rororo aktuell

3113/1

Bedrohte Welten

«Nur wenige unserer Zeremonien können verpflanzt werden. Nur wenige unserer Zeremonien können wir für euch öffnen. Versucht nicht, uns nachzuahmen. Versucht nicht, euch fremde Haut überzustülpen. Es kommt nicht darauf an, ob man Deutscher, Chinese oder Indianer ist, es kommt darauf an, ob man den menschlichen Weg geht und alles nichtmenschliche Leben achtet. Dabei können wir uns gegenseitig helfen.»
Phillip Deere,
Medizinmann der Muskogee

Indianische Welten
Der Erde eine Stimme geben
Texte von Indianern aus
Nordamerika
Lesebuch
Herausgegeben von
Claus Biegert
(rororo aktuell 5219)
Der Autor hat in diesem Lesebuch Texte nordamerikanischer Indianer zusammengestellt. Sie zeigen die eigene Welt und die besondere Weltsicht der Ureinwohner Nordamerikas. Der Band enthält auch Texte indianischer Autoren, Stücke aus Erzählungen und Romanen dieser eigenen, bei uns noch kaum bekannten amerikanischen Literatur.

Julian Burger
Die Wächter der Erde *Vom Leben sterbender Völker Gaia Atlas / Großformat*
(rororo aktuell 12988)
Ein mit vielen Fotos ausgestatteter Atlas über die bedrohten Völker der Welt. von den Aborigines Australiens bis zu den Massai-Stämmen Afrikas.

Petra K. Kelly / Gert Bastian (Herausgeber)
Tibet - ein vergewaltigtes Land
Berichte vom Dach der Welt
(rororo aktuell 12474)
Die Herausgeber sind seit Jahren aktiv in der Menschenrechtsarbeit für Tibet. Sie haben Berichte, Reportagen und Dokumente zusammengestellt, die ein authentisches und aktuelles Bild von Tibet zeichnen und auch die traditionsreiche Geschichte und Kultur des tibetischen Volkes lebendig werden lassen.

Bahman Nirumand (Hg.)
Die kurdische Tragödie *Die Kurden - verfolgt im eigenen Land*
(rororo aktuell 13075)
Dieser Band analysiert die aktuelle Lage, beleuchtet die politischen Rivalitäten der verschiedenen Kurden-Parteien und vermittelt das nötige Hintergrundwissen zum Verständnis der «Kurdenfrage».

rororo aktuell